Sabores da China

Descobrindo a Riqueza da Culinária Oriental

Maria Silva

Índice

Frango com brotos de bambu *10*
presunto cozido no vapor *11*
bacon com repolho *12*
Frango Amêndoa *13*
Frango com amêndoas e castanhas de água *15*
Frango com amêndoas e legumes *16*
frango anis *17*
frango com damascos *19*
frango com espargos *20*
frango com berinjela *21*
Wrap de frango e bacon *22*
Frango com broto de feijão *23*
Frango com molho de feijão preto *24*
frango com brócolis *25*
Frango com repolho e amendoim *26*
Frango com castanha de caju *27*
frango com castanhas *29*
frango com pimenta malagueta *30*
Frango frito com pimenta *31*
Chop Suey De Frango *32*
chow mein de frango *34*
Frango picante frito crocante *35*
Frango frito com pepino *37*
Curry de Frango com Pimenta *38*
caril de frango chinês *39*
frango ao curry rápido *40*
Caril de frango com batatas *41*
coxa de frango frita *42*
Frango frito com molho curry *43*
galinha bêbada *44*
Frango salgado com ovos *45*
rolinhos de ovo de galinha *47*

Frango frito com ovos *49*
frango do extremo oriente *51*
Frango Foo Yung *52*
Presunto e Frango Foo Yung *53*
Frango frito com gengibre *54*
frango com gengibre *55*
Frango com gengibre com cogumelos e castanhas *56*
Frango Dourado *57*
Ensopado de frango dourado marinado *58*
moedas de ouro *60*
Frango cozido no vapor com presunto *61*
Frango com molho Hoisin *62*
frango com mel *63*
Frango Kung Pao *64*
frango com alho-poró *65*
frango com limão *66*
Frango frito com limão *68*
Fígado de galinha com brotos de bambu *69*
fígado de frango frito *70*
Fígado de Frango com Mangetout *71*
Fígado de galinha com panqueca de macarrão *72*
Fígado de Frango com Molho de Ostra *73*
Fígado de Frango com Abacaxi *74*
Fígado de galinha agridoce *75*
frango com lichia *76*
Frango com molho de lichia *77*
Frango com Mangetout *78*
frango com manga *79*
Melão recheado com frango *80*
Frango estufado e cogumelos *81*
Frango com cogumelos e amendoim *82*
Frango frito com cogumelos *84*
Frango ao vapor com cogumelos *85*
frango com cebola *86*
Frango com laranja e limão *87*
Frango com molho de ostra *88*

porções de frango 89
frango com amendoim 90
Frango Manteiga De Amendoim 91
frango com ervilha 92
Frango à Pequim 93
Frango Pimenta 93
Frango frito com pimenta 95
frango e abacaxi 97
Frango com abacaxi e lichia 98
frango com carne de porco 99
Frango frito com batatas 100
Frango cinco especiarias com batatas 101
Frango vermelho cozido 102
almôndegas de frango 103
frango salgado 104
Frango em óleo de gergelim 105
frango xerez 106
Frango com molho de soja 107
frango frito picante 108
frango com espinafre 109
rolinhos primavera de frango 110
Porco assado picante 112
pãezinhos de porco cozidos no vapor 113
carne de porco com repolho 115
Carne de porco com repolho e tomate 117
Carne de porco marinada com couve 118
carne de porco com aipo 120
Carne de porco com castanhas e cogumelos 121
a costeleta de porco 122
yakissoba de porco 123
carne de porco assada 125
carne de porco com chutney 126
carne de porco com pepino 127
Embalagens Crocantes de Porco 128
rolinhos de porco com ovo 129
Rolinhos de ovo com carne de porco e camarões 130

Carne de porco estufada com ovo 131
porco de fogo 132
Filé de porco frito 133
Carne de Porco Cinco Especiarias 134
Porco assado perfumado 135
Carne de porco com alho picado 136
Porco assado com gengibre 137
Carne de porco com feijão verde 138
Carne de porco com presunto e tofu 139
quibe de porco frito 141
Pernil de porco frito em molho vermelho 142
carne de porco marinada 144
Costeletas de porco marinadas 145
carne de porco com cogumelos 146
almôndega cozida no vapor 147
Carne de porco vermelha com cogumelos 148
panqueca de porco com macarrão 149
Carne de porco e camarão com panqueca de macarrão 150
Carne de porco com molho de ostra 151
carne de porco com amendoim 152
carne de porco com pimenta 154
Carne de porco picante com picles 155
Carne de porco com molho de ameixa 156
carne de porco com camarões 157
porco vermelho 158
Carne de porco ao molho vermelho 159
Carne de porco com macarrão de arroz 161
bolinhos de carne de porco ricos 163
Costeletas de porco assadas 164
carne de porco picante 165
fatias de carne de porco feliz 166
Carne de porco com espinafre e cenoura 167
carne de porco cozida no vapor 168
Porco assado 169
Carne de porco com batata doce 170
porco agridoce 171

carne de porco salgada 172
carne de porco com tofu 173
carne de porco macia 174
duas vezes porco 175
carne de porco com legumes 176
carne de porco com nozes 177
wontons de porco 178
Carne de porco com castanhas de água 179
Wontons de carne de porco e camarão 180
Almôndegas picadas no vapor 181
Costela com molho de feijão preto 182
Costela de porco refogada 183
Costeleta de bordo queimado 184
costeletas fritas 185
Costela com alho-poró 186
Costela com cogumelos 187
Costela com laranja 188
costeleta de abacaxi 189
Costelinha de camarão crocante 190
Costela com vinho de arroz 192
Costelas com sementes de gergelim 193
Costeletas com molho agridoce 194
Costela refogada 196
Costela com tomate 197
Carne de porco grelhada 199
Carne de porco fria com mostarda 200
porco assado chinês 201
carne de porco com espinafre 202
bolas de porco fritas 203
Rolinhos de ovo com carne de porco e camarões 204
Carne de porco moída no vapor 206
Carne de porco frita com carne de caranguejo 207
Carne de porco com broto de feijão 208
porco bêbado 209
perna de porco cozida no vapor 210
Porco assado com legumes 212

duas vezes porco *214*
Rins de Porco com Mangetout *215*
Presunto vermelho com castanhas *217*
Presunto frito e bolas de ovo *218*
presunto e abacaxi *219*
Frittata com presunto e espinafre *220*

Frango com brotos de bambu

Serve 4 porções

45 ml / 3 colheres de sopa de óleo de amendoim

1 dente de alho, esmagado

1 chalota (cebolinha), picada

1 fatia de raiz de gengibre picada

225 g / 8 onças de peito de frango, fatiado

225 g / 8 onças de brotos de bambu, fatiados

45 ml / 3 colheres de sopa de molho de soja

15 ml / 1 colher de sopa de vinho de arroz ou xerez seco

5 ml / 1 colher de fubá (amido de milho)

Aqueça o azeite e frite o alho, a cebolinha e o gengibre até dourar levemente. Adicione o frango e refogue por 5 minutos. Adicione os brotos de bambu e refogue por 2 minutos. Adicione o molho de soja, vinho ou xerez e farinha de milho e refogue por cerca de 3 minutos até que o frango esteja cozido.

presunto cozido no vapor

Serve 6-8

900 g / 2 lb presunto fresco
30 ml / 2 colheres de sopa de açúcar mascavo
60 ml / 4 colheres de sopa de vinho de arroz ou xerez seco

Coloque o presunto em um prato refratário sobre uma gradinha, tampe e cozinhe em água fervente por cerca de 1 hora. Adicione o açúcar e o vinho ou xerez ao prato, tampe e cozinhe por mais 1 hora ou até que o presunto esteja cozido. Deixe esfriar na tigela antes de cortar.

bacon com repolho

Serve 4 porções

4 tiras de bacon entremeado, descascadas e picadas

2,5 ml/½ colher de chá de sal

1 fatia de raiz de gengibre picada

½ repolho picado

75 ml / 5 colheres de sopa de caldo de galinha

15 ml / 1 colher de sopa de molho de ostra

Frite o bacon até ficar crocante e retire-o da frigideira. Adicione o sal e o gengibre e refogue por 2 minutos. Adicione o repolho e mexa bem, depois acrescente o bacon e o caldo, tampe e cozinhe por cerca de 5 minutos até o repolho ficar macio, mas ainda levemente crocante. Adicione o molho de ostra, tampe e cozinhe por 1 minuto antes de servir.

Frango Amêndoa

Serve 4-6

375 ml / 13 fl oz / 1½ dl caldo de galinha

60 ml / 4 colheres de sopa de vinho de arroz ou xerez seco

45 ml / 3 colheres de sopa de farinha de milho (amido de milho)

15 ml / 1 colher de sopa de molho de soja

4 peitos de frango

1 clara de ovo

2,5 ml/½ colher de chá de sal

óleo para fritar

75 g / 3 onças / ½ xícara de amêndoas descascadas

1 cenoura grande em cubos

5 ml/1 colher de chá de raiz de gengibre ralada

6 cebolinhas (cebolinhas), fatiadas

3 talos de aipo, fatiados

100g / 4oz cogumelos, fatiados

100 g / 4 onças de brotos de bambu, fatiados

Coloque o caldo, metade do vinho ou xerez, 30ml/2 colheres de sopa de farinha de milho e molho de soja em uma panela. Deixe ferver, mexendo, e cozinhe por 5 minutos até a mistura engrossar. Retire do fogo e mantenha aquecido.

Retire a pele e os ossos do frango e corte-o em pedaços de 2,5 cm/1 cm. Junte o vinho restante ou o xerez e a farinha de milho, a clara de ovo e o sal, acrescente os pedaços de frango e mexa bem. Aqueça o óleo e frite os pedaços de frango, alguns de cada vez, por cerca de 5 minutos, até dourar. Seca bem. Retire tudo menos 30ml / 2 colheres de sopa de óleo da panela e frite as amêndoas por 2 minutos até dourar. Seca bem. Adicione a cenoura e o gengibre à panela e cozinhe por 1 minuto. Adicione os legumes restantes e cozinhe por cerca de 3 minutos, até que os legumes estejam macios, mas ainda crocantes. Retorne o frango e as amêndoas à panela com o molho e mexa em fogo moderado por alguns minutos até aquecer.

Frango com amêndoas e castanhas de água

Serve 4 porções

6 cogumelos chineses secos
4 pedaços de frango, desossados
100 g / 4 onças de amêndoas moídas
sal e pimenta moída na hora
60 ml / 4 colheres de sopa de óleo de amendoim
100 g / 4 oz castanhas d'água, fatiadas
75 ml / 5 colheres de sopa de caldo de galinha
30 ml / 2 colheres de sopa de molho de soja

Mergulhe os cogumelos em água quente por 30 minutos e escorra. Descarte os talos e corte as pontas. Corte o frango em fatias finas. Tempere as amêndoas generosamente com sal e pimenta e coloque as fatias de frango nas amêndoas. Aqueça o óleo e frite o frango até dourar levemente. Adicione os cogumelos, as castanhas d'água, o caldo e o molho de soja, deixe ferver, tampe e cozinhe por alguns minutos até que o frango esteja cozido.

Frango com amêndoas e legumes

Serve 4 porções

75 ml / 5 colheres de sopa de óleo de amendoim

4 fatias de raiz de gengibre picadas

5 ml/1 colher de chá de sal

100 g / 4 onças de repolho chinês picado

50 g / 2 onças de brotos de bambu, em cubos

50g / 2 onças de cogumelos em cubos

2 talos de aipo, em cubos

3 castanhas d'água em cubos

120 ml / 4 fl oz / ½ xícara de caldo de galinha

225 g / 8 onças de peito de frango, em cubos

15 ml / 1 colher de sopa de vinho de arroz ou xerez seco

50 g / 2 oz mangetout (ervilhas)

100g/4 onças de amêndoas laminadas, torradas

10 ml / 2 colheres de chá de farinha de milho (amido de milho)

15 ml / 1 colher de sopa de água

Aqueça metade do óleo e frite o gengibre e o sal por 30 segundos. Adicione o repolho, brotos de bambu, cogumelos, aipo e castanhas de água e refogue por 2 minutos. Adicione o caldo, deixe ferver, tampe e cozinhe por 2 minutos. Retire os legumes e o molho da panela. Aqueça o óleo restante e frite o frango por 1 minuto. Adicione vinho ou xerez e cozinhe por 1 minuto. Volte os legumes para a panela com o manjericão e as amêndoas e cozinhe por 30 segundos. Bata o fubá com a água até formar uma pasta, junte ao molho e cozinhe, mexendo, até o molho engrossar.

frango anis

Serve 4 porções

75 ml / 5 colheres de sopa de óleo de amendoim

2 cebolas picadas

1 dente de alho, picado

2 fatias de raiz de gengibre picadas

15 ml / 1 colher de sopa de farinha de trigo (para todos os fins)

30ml/2 colheres de sopa de caril em pó

450g/1kg de frango em cubos

15 ml / 1 colher de sopa de açúcar

30 ml / 2 colheres de sopa de molho de soja

450 ml / ¾ pt / 2 xícaras de caldo de galinha

2 cravos de anis estrelado

225 g / 8 onças de batatas em cubos

Aqueça metade do óleo e frite as cebolas até dourar levemente, depois retire da panela. Aqueça o óleo restante e frite o alho e o gengibre por 30 segundos. Adicione a farinha e o curry e cozinhe por 2 minutos. Volte a cebola para a panela, acrescente o frango e refogue por 3 minutos. Adicione o açúcar, o molho de soja, o caldo e a erva-doce, deixe ferver, tampe e cozinhe por 15 minutos. Adicione as batatas, deixe ferver, tampe e cozinhe por mais 20 minutos até ficarem macias.

frango com damascos

Serve 4 porções

4 pedaços de frango

sal e pimenta moída na hora

pitada de gengibre em pó

60 ml / 4 colheres de sopa de óleo de amendoim

225 g / 8 oz lata de damascos, cortados ao meio

300 ml / ½ pt / 1 ¼ xícaras de molho agridoce

30 ml/2 colheres de sopa de amêndoas laminadas, tostadas

Tempere o frango com sal, pimenta e gengibre. Aqueça o óleo e frite o frango até dourar levemente. Cubra e cozinhe por cerca de 20 minutos até ficar macio, virando ocasionalmente. Escorra o óleo. Adicione os damascos e o molho à panela, deixe ferver, tampe e cozinhe lentamente por cerca de 5 minutos ou até aquecer. Decore com amêndoas laminadas.

frango com espargos

Serve 4 porções

45 ml / 3 colheres de sopa de óleo de amendoim

5 ml/1 colher de chá de sal

1 dente de alho, esmagado

1 chalota (cebolinha), picada

1 peito de frango, fatiado

30 ml / 2 colheres de sopa de molho de feijão preto

350 g / 12 oz aspargos, cortados em 2,5 cm / 1 peça

120 ml / 4 fl oz / ½ xícara de caldo de galinha

5 ml/1 colher de chá de açúcar

15 ml / 1 colher de sopa de farinha de milho (amido de milho)

45 ml / 3 colheres de sopa de água

Aqueça metade do azeite e refogue o sal, o alho e a cebolinha até dourar levemente. Adicione o frango e frite até dourar levemente. Adicione o molho de feijão preto e mexa para cobrir o frango. Adicione os aspargos, o caldo e o açúcar, deixe ferver, tampe e cozinhe por 5 minutos até que o frango esteja macio. Bata o fubá com a água até formar uma pasta, coloque na panela e cozinhe, mexendo, até o molho ficar claro e engrossar.

frango com berinjela

Serve 4 porções

225 g / 8 onças de frango, fatiado
15 ml / 1 colher de sopa de molho de soja
15 ml / 1 colher de sopa de vinho de arroz ou xerez seco
15 ml / 1 colher de sopa de farinha de milho (amido de milho)
1 berinjela (berinjela), descascada e cortada em tiras
30 ml / 2 colheres de sopa de óleo de amendoim
2 pimentas vermelhas secas
2 dentes de alho, esmagados
75 ml / 5 colheres de sopa de caldo de galinha

Coloque o frango em uma tigela. Misture o molho de soja, vinho ou xerez e farinha de milho juntos, misture no frango e deixe por 30 minutos. Escalde a berinjela em água fervente por 3 minutos e escorra bem. Aqueça o óleo e frite os pimentões até escurecer, retire e descarte. Adicione o alho e o frango e frite até dourar levemente. Adicione o caldo e a berinjela, deixe ferver, tampe e cozinhe por 3 minutos, mexendo de vez em quando.

Wrap de frango e bacon

Serve 4-6

225g/8oz frango em cubos
30 ml / 2 colheres de sopa de molho de soja
15 ml / 1 colher de sopa de vinho de arroz ou xerez seco
5 ml/1 colher de chá de açúcar
5 ml/1 colher de chá de óleo de gergelim
sal e pimenta moída na hora
225g / 8oz fatias de bacon
1 ovo levemente batido
100 g / 4 onças de farinha simples (para todos os fins)
óleo para fritar
4 tomates, fatiados

Misture o frango com o molho de soja, vinho ou xerez, açúcar, óleo de gergelim, sal e pimenta. Cubra e deixe marinar por 1 hora, mexendo ocasionalmente, depois retire o frango e descarte a marinada. Corte o bacon em pedaços e envolva os cubos de frango. Bata os ovos com a farinha até formar uma massa grossa, acrescente um pouco de leite se necessário. Mergulhe os cubos na massa. Aqueça o óleo e frite os cubos até dourar e cozinhar. Sirva decorado com tomates.

Frango com broto de feijão

Serve 4 porções

45 ml / 3 colheres de sopa de óleo de amendoim

1 dente de alho, esmagado

1 chalota (cebolinha), picada

1 fatia de raiz de gengibre picada

225 g / 8 onças de peito de frango, fatiado

225 g / 8 oz brotos de feijão

45 ml / 3 colheres de sopa de molho de soja

15 ml / 1 colher de sopa de vinho de arroz ou xerez seco

5 ml / 1 colher de fubá (amido de milho)

Aqueça o azeite e frite o alho, a cebolinha e o gengibre até dourar levemente. Adicione o frango e refogue por 5 minutos. Adicione os brotos de feijão e refogue por 2 minutos. Adicione o molho de soja, vinho ou xerez e farinha de milho e refogue por cerca de 3 minutos até que o frango esteja cozido.

Frango com molho de feijão preto

Serve 4 porções

30 ml / 2 colheres de sopa de óleo de amendoim

5 ml/1 colher de chá de sal

30 ml / 2 colheres de sopa de molho de feijão preto

2 dentes de alho, esmagados

450g/1kg de frango em cubos

250 ml / 8 fl oz / 1 xícara de caldo

1 pimentão verde picado

1 cebola picada

15 ml / 1 colher de sopa de molho de soja

pimenta moída na hora

15 ml / 1 colher de sopa de farinha de milho (amido de milho)

45 ml / 3 colheres de sopa de água

Aqueça o óleo e frite o sal, o feijão preto e o alho por 30 segundos. Adicione o frango e frite até dourar levemente. Adicione o caldo, deixe ferver, tampe e cozinhe por 10 minutos. Adicione o pimentão, a cebola, o molho de soja e a pimenta, tampe e cozinhe por mais 10 minutos. Bata o fubá com a água até formar uma pasta, junte ao molho e cozinhe, mexendo, até o molho engrossar e o frango ficar macio.

frango com brócolis

Serve 4 porções

450g/1lb de frango, em cubos

225 g / 8 onças de fígado de galinha

45 ml / 3 colheres de sopa de farinha de trigo (para todos os fins)

45 ml / 3 colheres de sopa de óleo de amendoim

1 cebola, em cubos

1 pimenta vermelha em cubos

1 pimentão verde picado

225 g floretes de brócolis

4 rodelas de abacaxi em cubos

30 ml / 2 colheres de sopa de purê de tomate (pasta)

30ml/2 colheres de sopa de molho hoisin

30 ml/2 colheres de sopa de mel

30 ml / 2 colheres de sopa de molho de soja

300 ml / ½ pt / 1 ¼ xícaras de caldo de galinha

10 ml/2 colheres de chá de óleo de gergelim

Passe o frango e o fígado de galinha na farinha. Aqueça o óleo e frite o fígado por 5 minutos, depois retire da panela. Adicione o frango, tampe e cozinhe em fogo moderado por 15 minutos, mexendo de vez em quando. Adicione os legumes e o abacaxi e refogue por 8 minutos. Volte a colocar os fígados no wok, junte os restantes ingredientes e deixe levantar fervura. Cozinhe, mexendo, até o molho engrossar.

Frango com repolho e amendoim

Serve 4 porções

45 ml / 3 colheres de sopa de óleo de amendoim
30 ml / 2 colheres de sopa de amendoim
450g/1kg de frango em cubos
½ repolho cortado em quadradinhos
15 ml / 1 colher de sopa de molho de feijão preto
2 pimentões vermelhos, picados
5 ml/1 colher de chá de sal

Aqueça um pouco de óleo e frite o amendoim por alguns minutos, mexendo sempre. Retire, escorra e esmague. Aqueça o óleo restante e frite o frango e o repolho até dourar levemente. Retire da panela. Adicione o feijão preto e o molho de pimenta e refogue por 2 minutos. Volte o frango e o repolho para a panela com o amendoim triturado e tempere com sal. Frite até ficar bem quente e sirva imediatamente.

Frango com castanha de caju

Serve 4 porções

30 ml / 2 colheres de sopa de molho de soja

30 ml / 2 colheres de sopa de farinha de milho (amido de milho)

15 ml / 1 colher de sopa de vinho de arroz ou xerez seco

350g/12oz frango em cubos

45 ml / 3 colheres de sopa de óleo de amendoim

2,5 ml/½ colher de chá de sal

2 dentes de alho, esmagados

225 g / 8 onças de cogumelos, fatiados

100 g / 4 oz castanhas d'água, fatiadas

100 g de broto de bambu

50 g / 2 oz mangetout (ervilhas)

225 g / 8 onças / 2 xícaras de castanha de caju

300 ml / ½ pt / 1 ¼ xícaras de caldo de galinha

Misture o molho de soja, fubá e vinho ou xerez juntos, despeje sobre o frango, tampe e deixe marinar por pelo menos 1 hora. Aqueça 30ml/2 colheres de sopa de óleo com sal e alho e frite até o alho dourar levemente. Adicione o frango com a marinada e cozinhe por 2 minutos até que o frango esteja levemente dourado. Adicione os cogumelos, as castanhas d'água, os brotos de bambu e o manjericão e refogue por 2 minutos. Enquanto isso, aqueça o restante do óleo em uma panela separada e frite as castanhas de caju em fogo baixo por alguns minutos até dourar. Coloque-os na panela com o caldo, deixe ferver, tampe e cozinhe por 5 minutos. Se o molho não engrossar o suficiente, misture um pouco de fubá misturado com uma colher de água e mexa até o molho engrossar e ficar claro.

frango com castanhas

Serve 4 porções

225 g / 8 onças de frango, fatiado

5 ml/1 colher de chá de sal

15 ml / 1 colher de sopa de molho de soja

óleo para fritar

250 ml / 8 fl oz / 1 xícara de caldo de galinha

200 g / 7 onças de castanhas de água, picadas

225 g de castanhas picadas

225 g / 8 onças de cogumelos, esquartejados

15ml/1 colher de sopa de salsa fresca picada

Polvilhe o frango com sal e molho de soja e esfregue bem no frango. Aqueça o óleo e frite o frango até dourar, retire e escorra. Coloque o frango em uma panela com caldo, deixe ferver e cozinhe por 5 minutos. Adicione as castanhas d'água, as castanhas e os cogumelos, tampe e cozinhe por aprox. 20 minutos até que tudo esteja macio. Sirva decorado com salsa.

frango com pimenta malagueta

Serve 4 porções

350g/1lb de frango, em cubos

1 ovo, levemente batido

10 ml/2 colheres de chá de molho de soja

2,5 ml/½ colher de chá de fubá (amido de milho)

óleo para fritar

1 pimentão verde picado

4 dentes de alho, esmagados

2 pimentões vermelhos, picados

5ml/1 colher de chá de pimenta moída na hora

5 ml/1 colher de chá de vinagre de vinho

5 ml/1 colher de chá de água

2,5 ml/½ colher de chá de açúcar

2,5 ml/½ colher de chá de óleo de pimenta

2,5 ml/½ colher de chá de óleo de gergelim

Misture o frango com o ovo, metade do molho de soja e o fubá e deixe descansar por 30 minutos. Aqueça o óleo e frite o frango até dourar e escorra bem. Escorra tudo menos 15ml/1 colher de sopa de óleo da panela, adicione a pimenta, o alho e a pimenta e frite por 30 segundos. Adicione pimenta, vinagre de vinho, água e açúcar e frite por 30 segundos. Retorne o frango para a panela e cozinhe por alguns minutos até ficar cozido. Sirva polvilhado com óleo de gergelim e pimenta.

Frango frito com pimenta

Serve 4 porções

225 g / 8 onças de frango, fatiado
2,5 ml/½ colher de chá de molho de soja
2,5 ml/½ colher de chá de óleo de gergelim
2,5 ml/½ colher de chá de vinho de arroz ou xerez seco
5 ml / 1 colher de fubá (amido de milho)
sal
45 ml / 3 colheres de sopa de óleo de amendoim
100g/4 onças de espinafre
4 cebolinhas (cebolinhas), picadas
2,5 ml/½ colher de chá de pimenta em pó
15 ml / 1 colher de sopa de água
1 tomate, fatiado

Misture o frango com o molho de soja, óleo de gergelim, vinho ou xerez, metade do fubá e uma pitada de sal. Deixe descansar por 30 minutos. Aqueça 15ml / 1 colher de sopa de óleo e frite o frango até dourar levemente. Retire do wok. Aqueça 15ml/1 colher de sopa de óleo e frite o espinafre até murchar e retire da wok. Aqueça o óleo restante e frite a cebolinha, a pimenta em pó, a água e o fubá restante por 2 minutos. Adicione o frango e refogue rapidamente. Disponha os espinafres num prato quente, cubra com o frango e sirva decorado com os tomates.

Chop Suey De Frango

Serve 4 porções

100 g / 4 onças de folhas chinesas picadas

100 g / 4 onças de brotos de bambu, cortados em tiras

60 ml / 4 colheres de sopa de óleo de amendoim

3 cebolinhas (cebolinhas), fatiadas

2 dentes de alho, esmagados

1 fatia de raiz de gengibre picada

225 g / 8 onças de peito de frango, cortado em tiras

45 ml / 3 colheres de sopa de molho de soja

15 ml / 1 colher de sopa de vinho de arroz ou xerez seco

5 ml/1 colher de chá de sal

2,5 ml/½ colher de chá de açúcar

pimenta moída na hora

15 ml / 1 colher de sopa de farinha de milho (amido de milho)

Escalde as folhas chinesas e os brotos de bambu em água fervente por 2 minutos. Escorra e seque. Aqueça 45 ml / 3 colheres de sopa de óleo e frite a cebola, o alho e o gengibre até dourar levemente. Adicione o frango e refogue por 4 minutos. Retire da panela. Aqueça o óleo restante e frite os legumes por 3 minutos. Adicione o frango, molho de soja, vinho ou xerez, sal, açúcar e uma pitada de pimenta e refogue por 1 minuto. Misture o fubá com um pouco de água, misture ao molho e cozinhe, mexendo, até o molho clarear e engrossar.

chow mein de frango

Serve 4 porções

30 ml / 2 colheres de sopa de óleo de amendoim

2 dentes de alho, esmagados

450g/1lb de frango, fatiado

225 g / 8 onças de brotos de bambu, fatiados

100 g de aipo, cortado em fatias

225 g / 8 onças de cogumelos, fatiados

450 ml / ¾ pt / 2 xícaras de caldo de galinha

225 g / 8 oz brotos de feijão

4 cebolas em cubos

30 ml / 2 colheres de sopa de molho de soja

30 ml / 2 colheres de sopa de farinha de milho (amido de milho)

225 g de macarrão chinês seco

Aqueça o azeite com o alho até dourar levemente, acrescente o frango e refogue por 2 minutos até dourar levemente. Adicione brotos de bambu, aipo e cogumelos e refogue por 3 minutos. Adicione a maior parte do caldo, deixe ferver, tampe e cozinhe por 8 minutos. Adicione o broto de feijão e a cebola e cozinhe por 2 minutos, mexendo, até sobrar um pouco de caldo. Misture o caldo restante com o molho de soja e o fubá. Mexa a panela e cozinhe, mexendo, até o molho clarear e engrossar.

Enquanto isso, cozinhe o macarrão em água fervente com sal por alguns minutos de acordo com as instruções da embalagem. Escorra bem, misture com a mistura de frango e sirva imediatamente.

Frango picante frito crocante

Serve 4 porções

450g/1lb de frango, cortado em pedaços
30 ml / 2 colheres de sopa de molho de soja
30 ml / 2 colheres de sopa de molho de ameixa

45ml/3 colheres de sopa de chutney de manga

1 dente de alho, esmagado

2,5 ml/½ colher de chá de gengibre em pó

algumas gotas de aguardente

30 ml / 2 colheres de sopa de farinha de milho (amido de milho)

2 ovos, batidos

100 g / 4 onças / 1 xícara de farinha de rosca seca

30 ml / 2 colheres de sopa de óleo de amendoim

6 cebolinhas (cebolinhas), picadas

1 pimenta vermelha em cubos

1 pimentão verde picado

30 ml / 2 colheres de sopa de molho de soja

30 ml/2 colheres de sopa de mel

30ml/2 colheres de sopa de vinagre de vinho

Coloque o frango em uma tigela. Misture os molhos, chutney, alho, gengibre e conhaque, despeje sobre o frango, tampe e deixe marinar por 2 horas. Escorra o frango e depois polvilhe com fubá. Passe no ovo e depois na farinha de rosca. Aqueça o óleo e frite o frango até dourar. Retire da panela. Adicione os legumes e refogue por 4 minutos e retire. Escorra o óleo da panela e retorne o frango e os legumes para a panela com os ingredientes restantes. Deixe ferver e aqueça antes de servir.

Frango frito com pepino

Serve 4 porções

225 g / 8 onças de carne de frango

1 clara de ovo

2,5 ml/½ colher de chá de fubá (amido de milho)

sal

½ pepino

30 ml / 2 colheres de sopa de óleo de amendoim

100 g de champignon

50 g / 2 onças de brotos de bambu, cortados em tiras

50g/2oz presunto, em cubos

15 ml / 1 colher de sopa de água

2,5 ml/½ colher de chá de sal

2,5 ml/½ colher de chá de vinho de arroz ou xerez seco

2,5 ml/½ colher de chá de óleo de gergelim

Fatie o frango e corte em pedaços. Misture com a clara de ovo, fubá e sal e deixe descansar. Corte o pepino ao meio no sentido do comprimento e corte na diagonal em fatias grossas. Aqueça o óleo e frite o frango até dourar levemente, depois retire da panela. Adicione o pepino e os brotos de bambu e refogue por 1 minuto. Retorne o frango à panela com o presunto, água, sal e vinho ou xerez. Leve ao fogo e cozinhe até o frango ficar macio. Sirva polvilhado com óleo de gergelim.

Curry de Frango com Pimenta

Serve 4 porções

120 ml / 4 fl oz / ½ xícara de óleo de amendoim

4 pedaços de frango

1 cebola picada

5ml/1 colher de chá de caril em pó

5 ml / 1 colher de chá de molho de pimenta

15 ml / 1 colher de sopa de vinho de arroz ou xerez seco

2,5 ml/½ colher de chá de sal

600 ml / 1 pt / 2½ xícaras de caldo de galinha

15 ml / 1 colher de sopa de farinha de milho (amido de milho)

45 ml / 3 colheres de sopa de água

5 ml/1 colher de chá de óleo de gergelim

Aqueça o óleo e frite os pedaços de frango até dourar dos dois lados e retire da frigideira. Adicione a cebola, o curry e o molho de pimenta e frite por 1 minuto. Adicione o vinho ou o xerez e o sal, mexa bem, depois coloque o frango de volta na panela e mexa novamente. Adicione o caldo, deixe ferver e cozinhe por cerca de 30 minutos até que o frango esteja macio. Se o molho não reduzir o suficiente, misture fubá e água em uma pasta, mexa um pouco no molho e cozinhe, mexendo, até o molho engrossar. Sirva polvilhado com óleo de gergelim.

caril de frango chinês

Serve 4 porções

45ml/3 colheres de sopa de caril em pó

1 cebola, fatiada

350g/12oz frango em cubos

150 ml/¼ pt/ ½ xícara generosa de caldo de galinha

5 ml/1 colher de chá de sal

10 ml / 2 colheres de chá de farinha de milho (amido de milho)

15 ml / 1 colher de sopa de água

Aqueça o curry e a cebola em uma panela seca por 2 minutos, sacudindo a panela para cobrir a cebola. Adicione o frango e mexa até que o curry esteja bem coberto. Adicione o caldo e o sal, deixe ferver, tampe e cozinhe por cerca de 5 minutos até que o frango esteja macio. Bata o fubá com a água até formar uma pasta, coloque na panela e cozinhe, mexendo, até o molho engrossar.

frango ao curry rápido

Serve 4 porções

450g/1lb de peito de frango, em cubos
45 ml / 3 colheres de sopa de vinho de arroz ou xerez seco
50 g de farinha de milho (amido de milho)
1 clara de ovo
sal
150 ml/¼ pt/generosa ½ xícara de óleo de amendoim

15ml/1 colher de sopa de caril em pó
10 ml / 2 colheres de chá de açúcar mascavo
150 ml/¼ pt/ ½ xícara generosa de caldo de galinha

Junte os cubos de frango e o xerez e reserve 10 ml/2 colheres de chá de farinha de milho. Bata as claras com o fubá restante e uma pitada de sal, em seguida, dobre o frango até ficar bem coberto. Aqueça o óleo e frite o frango até que esteja bem cozido e dourado. Retire da panela e escorra tudo, exceto 15ml / 1 colher de sopa de óleo. Adicione o fubá reservado, o curry e o açúcar e frite por 1 minuto. Adicione o caldo, deixe ferver e cozinhe, mexendo sempre, até o molho engrossar. Retorne o frango para a panela, vire e reaqueça antes de servir.

Caril de frango com batatas

Serve 4 porções

45 ml / 3 colheres de sopa de óleo de amendoim
2,5 ml/½ colher de chá de sal
1 dente de alho, esmagado
750 g / 1 ½ lb de frango em cubos
225 g / 8 onças de batatas em cubos
4 cebolas em cubos
15ml/1 colher de sopa de caril em pó
450 ml / ¾ pt / 2 xícaras de caldo de galinha

225 g / 8 onças de cogumelos, fatiados

Aqueça o azeite com sal e alho, acrescente o frango e frite até dourar levemente. Adicione as batatas, a cebola e o curry e frite por 2 minutos. Adicione o caldo, deixe ferver, tampe e cozinhe por cerca de 20 minutos até que o frango esteja cozido, mexendo de vez em quando. Adicione os cogumelos, retire a tampa e cozinhe por mais 10 minutos até o líquido reduzir.

coxa de frango frita

Serve 4 porções

2 coxas de frango grandes, sem osso

2 cebolinhas (cebolinhas)

1 fatia de gengibre, batida plana

120 ml / 4 fl oz / ½ xícara de molho de soja

5 ml/1 colher de chá de vinho de arroz ou xerez seco

óleo para fritar

5 ml/1 colher de chá de óleo de gergelim

pimenta moída na hora

Divida a carne de frango e marque-a toda. Bata 1 cebolinha e pique a outra. Misture a cebolinha plana com gengibre, molho de soja e vinho ou xerez. Despeje sobre o frango e deixe marinar por 30 minutos. Retire e escorra. Coloque em um prato em uma grade de vapor e cozinhe por 20 minutos.

Aqueça o óleo e frite o frango por cerca de 5 minutos até dourar. Retire da panela, escorra bem e corte em fatias grossas, depois coloque as fatias em um prato aquecido. Aqueça o óleo de gergelim, acrescente a cebolinha picada e a pimenta, regue o frango e sirva.

Frango frito com molho curry

Serve 4 porções

1 ovo, levemente batido
30 ml / 2 colheres de sopa de farinha de milho (amido de milho)
25 g / 1 oz / ¼ xícara de farinha comum (para todos os fins)
2,5 ml/½ colher de chá de sal
225g/8oz frango em cubos
óleo para fritar
30 ml / 2 colheres de sopa de óleo de amendoim
30ml/2 colheres de sopa de caril em pó
60 ml / 4 colheres de sopa de vinho de arroz ou xerez seco

Bata o ovo com o fubá, a farinha e o sal até obter uma massa grossa. Despeje sobre o frango e mexa bem. Aqueça o óleo e frite o frango até dourar e cozinhar. Enquanto isso, aqueça o óleo e frite o curry por 1 minuto. Adicione vinho ou xerez e deixe ferver. Coloque o frango em um prato quente e despeje o molho de curry por cima.

galinha bêbada

Serve 4 porções

450g/1lb de filé de frango, cortado em pedaços
60 ml / 4 colheres de sopa de molho de soja
30ml/2 colheres de sopa de molho hoisin
30 ml / 2 colheres de sopa de molho de ameixa
30ml/2 colheres de sopa de vinagre de vinho
2 dentes de alho, esmagados
pitada de sal
algumas gotas de óleo de pimenta
2 claras de ovo
60 ml / 4 colheres de sopa de farinha de milho (amido de milho)

óleo para fritar

200 ml / ½ pt / 1 ¼ xícaras de vinho de arroz ou xerez seco

Coloque o frango em uma tigela. Misture os molhos e vinagre de vinho, alho, sal e azeite de pimenta, despeje sobre o frango e deixe marinar na geladeira por 4 horas. Bata as claras em castelo e envolva-as na farinha de trigo. Retire o frango da marinada e cubra com a clara de ovo. Aqueça o óleo e frite o frango até que esteja bem cozido e dourado. Escorra bem em papel de cozinha e coloque numa tigela. Despeje sobre o vinho ou xerez, cubra e deixe marinar na geladeira por 12 horas. Retire o frango do vinho e sirva frio.

Frango salgado com ovos

Serve 4 porções

30 ml / 2 colheres de sopa de óleo de amendoim

4 pedaços de frango

2 cebolinhas (cebolinhas), picadas

1 dente de alho, esmagado

1 fatia de raiz de gengibre picada
175 ml / 6 fl oz / ¾ xícara de molho de soja
30 ml / 2 colheres de sopa de vinho de arroz ou xerez seco
30 ml / 2 colheres de sopa de açúcar mascavo
5 ml/1 colher de chá de sal
375 ml / 13 fl oz / 1 ½ xícaras de água
4 ovos cozidos
15 ml / 1 colher de sopa de farinha de milho (amido de milho)

Aqueça o óleo e frite os pedaços de frango até dourar. Adicione as chalotas, alho e gengibre e cozinhe por 2 minutos. Adicione o molho de soja, vinho ou xerez, açúcar e sal e mexa bem. Adicione a água e deixe ferver, tampe e cozinhe por 20 minutos. Adicione os ovos cozidos, tampe e cozinhe por mais 15 minutos. Misture o fubá com um pouco de água, misture ao molho e cozinhe, mexendo, até o molho clarear e engrossar.

rolinhos de ovo de galinha

Serve 4 porções

4 cogumelos chineses secos

100g/4oz frango, cortado em tiras

5 ml / 1 colher de fubá (amido de milho)

15 ml / 1 colher de sopa de molho de soja

2,5 ml/½ colher de chá de sal

2,5 ml/½ colher de chá de açúcar

60 ml / 4 colheres de sopa de óleo de amendoim

225 g / 8 oz brotos de feijão

3 cebolinhas (cebolinhas), picadas

100g/4 onças de espinafre

12 cascas de rolinho de ovo

1 ovo, batido

óleo para fritar

Mergulhe os cogumelos em água quente por 30 minutos e escorra. Descarte os talos e pique a parte superior. Coloque o frango em uma tigela. Misture o fubá com 5 ml/1 colher de chá de molho de soja, sal e açúcar e misture no frango. Deixe descansar por 15 minutos. Aqueça metade do óleo e frite o frango até dourar levemente. Escalde os brotos de feijão em água fervente por 3 minutos e escorra. Aqueça o óleo restante e frite as chalotas até dourar levemente. Junte os cogumelos, os rebentos de feijão, os espinafres e o restante molho de soja, junte o frango e refogue por 2 minutos. Deixe esfriar. Coloque um pouco de recheio no centro de cada pele e pincele as bordas com ovo batido. Dobre as laterais e enrole os rolinhos, selando as bordas com ovo. Aqueça o óleo e frite os rolinhos até ficarem crocantes e dourados.

Frango frito com ovos

Serve 4 porções

30 ml / 2 colheres de sopa de óleo de amendoim
4 filés de peito de frango cortados em tiras
1 pimentão vermelho, cortado em tiras
1 pimentão verde, cortado em tiras
45 ml / 3 colheres de sopa de molho de soja
45 ml / 3 colheres de sopa de vinho de arroz ou xerez seco
250 ml / 8 fl oz / 1 xícara de caldo de galinha
100 g / 4 onças de alface americana, picada
5 ml / 1 colher de chá de açúcar mascavo
30ml/2 colheres de sopa de molho hoisin
sal e pimenta
15 ml / 1 colher de sopa de farinha de milho (amido de milho)
30 ml / 2 colheres de sopa de água

4 ovos

30 ml / 2 colheres de sopa de xerez

Aqueça o óleo e frite o frango e os pimentões até dourar. Adicione o molho de soja, vinho ou xerez e o caldo, deixe ferver, tampe e cozinhe por 30 minutos. Adicione a salada, o açúcar e o molho hoisin e tempere com sal e pimenta. Misture o fubá com a água, misture ao molho e leve ao fogo, mexendo. Bata os ovos com xerez e frite como omeletes finas. Polvilhe com sal e pimenta e corte em tiras. Arrume em um prato aquecido e despeje sobre o frango.

frango do extremo oriente

Serve 4 porções

60 ml / 4 colheres de sopa de óleo de amendoim

450g/1lb de frango, cortado em pedaços

2 dentes de alho, esmagados

2,5 ml/½ colher de chá de sal

2 cebolas picadas

2 pedaços de talo de gengibre picado

45 ml / 3 colheres de sopa de molho de soja

30ml/2 colheres de sopa de molho hoisin

45 ml / 3 colheres de sopa de vinho de arroz ou xerez seco

300 ml / ½ pt / 1 ¼ xícaras de caldo de galinha

5ml/1 colher de chá de pimenta moída na hora

6 ovos cozidos picados

15 ml / 1 colher de sopa de farinha de milho (amido de milho)

15 ml / 1 colher de sopa de água

Aqueça o óleo e frite o frango até dourar. Adicione o alho, o sal, a cebola e o gengibre e frite por 2 minutos. Adicione o molho de soja, molho hoisin, vinho ou xerez, caldo e pimenta. Deixe ferver, tampe e cozinhe por 30 minutos. Adicione os ovos. Misture o fubá com a água e misture ao molho. Deixe ferver e cozinhe, mexendo, até o molho engrossar.

Frango Foo Yung

Serve 4 porções

6 ovos batidos
45 ml / 3 colheres de sopa de farinha de milho (amido de milho)
100g / 4oz cogumelos, picados grosseiramente
225 g / 8 onças de peito de frango, em cubos
1 cebola, finamente picada
5 ml/1 colher de chá de sal
45 ml / 3 colheres de sopa de óleo de amendoim

Bata os ovos e em seguida o fubá. Misture todos os ingredientes restantes, exceto o óleo. Aqueça o óleo. Despeje a mistura na panela um pouco de cada vez para fazer pequenas panquecas com cerca de 3 centímetros de diâmetro. Cozinhe até dourar o fundo, vire e cozinhe o outro lado.

Presunto e Frango Foo Yung

Serve 4 porções

6 ovos batidos

45 ml / 3 colheres de sopa de farinha de milho (amido de milho)

100g/4oz presunto, em cubos

225 g / 8 onças de peito de frango, em cubos

3 cebolinhas (cebolinhas), bem picadas

5 ml/1 colher de chá de sal

45 ml / 3 colheres de sopa de óleo de amendoim

Bata os ovos e em seguida o fubá. Misture todos os ingredientes restantes, exceto o óleo. Aqueça o óleo. Despeje a mistura na panela um pouco de cada vez para fazer pequenas panquecas com cerca de 3 centímetros de diâmetro. Cozinhe até dourar o fundo, vire e cozinhe o outro lado.

Frango frito com gengibre

Serve 4 porções

1 frango, cortado ao meio

4 fatias de raiz de gengibre, esmagadas

30 ml / 2 colheres de sopa de vinho de arroz ou xerez seco

30 ml / 2 colheres de sopa de molho de soja

5 ml/1 colher de chá de açúcar

óleo para fritar

Coloque o frango em uma tigela rasa. Misture gengibre, vinho ou xerez, molho de soja e açúcar, despeje sobre o frango e esfregue na pele. Deixe marinar por 1 hora. Aqueça o óleo e frite o frango, metade de cada vez, até dourar levemente. Retire o óleo e deixe esfriar um pouco enquanto o óleo esquenta. Retorne o frango para a panela e cozinhe até dourar e ficar cozido. Escorra bem antes de servir.

frango com gengibre

Serve 4 porções

225 g / 8 onças de frango, em fatias finas

1 clara de ovo

pitada de sal

2,5 ml/½ colher de chá de fubá (amido de milho)

15 ml / 1 colher de sopa de óleo de amendoim

10 fatias de raiz de gengibre

6 cogumelos cortados ao meio

1 cenoura, fatiada

2 cebolinhas (cebolinhas), fatiadas

5 ml/1 colher de chá de vinho de arroz ou xerez seco

5 ml/1 colher de chá de água

2,5 ml/½ colher de chá de óleo de gergelim

Misture o frango com as claras, o sal e o fubá. Aqueça metade do óleo e frite o frango até dourar levemente, depois retire da panela. Aqueça o óleo restante e frite o gengibre, os cogumelos, a cenoura e a cebolinha por 3 minutos. Retorne o frango para a panela com o vinho ou xerez e água e cozinhe até que o frango esteja macio. Sirva polvilhado com óleo de gergelim.

Frango com gengibre com cogumelos e castanhas

Serve 4 porções

60 ml / 4 colheres de sopa de óleo de amendoim

225 g / 8 onças de cebola, fatiada

450g/1lb de frango, em cubos

100g / 4oz cogumelos, fatiados

30 ml / 2 colheres de sopa de farinha de trigo (para todos os fins)

60 ml / 4 colheres de sopa de molho de soja

10 ml / 2 colheres de chá de açúcar

sal e pimenta moída na hora

900 ml / 1½ pt / 3¾ xícaras de água quente

2 fatias de raiz de gengibre picadas

450 g / 1 libra castanhas de água

Aqueça metade do azeite e frite as cebolas por 3 minutos, depois retire da panela. Aqueça o óleo restante e frite o frango até dourar levemente.

Adicione os cogumelos e cozinhe por 2 minutos. Polvilhe a mistura com a farinha, acrescente o molho de soja, o açúcar, o sal e a pimenta. Despeje a água e o gengibre, a cebola e as castanhas. Leve ao fogo, tampe e cozinhe lentamente por 20 minutos. Retire a tampa e continue a ferver suavemente até que o molho seja reduzido.

Frango Dourado

Serve 4 porções

8 pedaços pequenos de frango
300 ml / ½ pt / 1 ¼ xícaras de caldo de galinha
45 ml / 3 colheres de sopa de molho de soja
15 ml / 1 colher de sopa de vinho de arroz ou xerez seco
5 ml/1 colher de chá de açúcar
1 raiz de gengibre fatiada, picada

Coloque todos os ingredientes em uma panela grande, deixe ferver, tampe e cozinhe por cerca de 30 minutos até que o frango esteja cozido. Retire a tampa e continue a cozinhar até o molho reduzir.

Ensopado de frango dourado marinado

Serve 4 porções

4 pedaços de frango

300 ml / ½ pt / 1 ¼ xícaras de molho de soja

óleo para fritar

4 cebolinhas (cebolinhas), cortadas em fatias grossas

1 fatia de raiz de gengibre picada

2 pimentões vermelhos, fatiados

3 cravos anis estrelado

50 g / 2 onças de brotos de bambu, fatiados

150 ml/1 ½ pt/ ½ xícara generosa de caldo de galinha

30 ml / 2 colheres de sopa de farinha de milho (amido de milho)

60 ml / 4 colheres de sopa de água

5 ml/1 colher de chá de óleo de gergelim

Corte o frango em pedaços grandes e deixe marinar em molho de soja por 10 minutos. Retire e escorra, reservando o molho de soja. Aqueça o óleo e frite o frango por cerca de 2 minutos até dourar levemente. Retire e escorra. Despeje tudo menos 30ml/2 colheres de sopa de óleo, depois acrescente a cebolinha, o gengibre, a pimenta e o anis estrelado e frite por 1 minuto. Devolva o frango à panela com os brotos de bambu e o molho de soja reservado e acrescente caldo suficiente para cobrir o frango. Deixe ferver e cozinhe por cerca de 10 minutos até que o frango esteja macio. Retire o frango do molho com uma escumadeira e coloque em um prato aquecido. Coe o molho e volte a colocá-lo na panela. Bata o fubá com a água até formar uma pasta, junte ao molho e cozinhe, mexendo, até o molho engrossar.

moedas de ouro

Serve 4 porções

4 filés de peito de frango

30 ml/2 colheres de sopa de mel

30ml/2 colheres de sopa de vinagre de vinho

30 ml / 2 colheres de sopa de ketchup de tomate (catsup)

30 ml / 2 colheres de sopa de molho de soja

pitada de sal

2 dentes de alho, esmagados

5 ml/1 colher de chá de cinco especiarias em pó

45 ml / 3 colheres de sopa de farinha de trigo (para todos os fins)

2 ovos, batidos

5 ml/1 colher de chá de gengibre ralado

5 ml / 1 colher de chá de casca de limão ralada

100 g / 4 onças / 1 xícara de farinha de rosca seca

óleo para fritar

Coloque o frango em uma tigela. Misture mel, vinagre de vinho, ketchup de tomate, molho de soja, sal, alho e cinco especiarias em pó. Despeje sobre o frango, mexa bem, tampe e deixe marinar na geladeira por 12 horas.

Retire o frango da marinada e corte em tiras grossas. Polvilhe com farinha. Bata os ovos, o gengibre e as raspas de limão. Passe o frango na mistura e depois na farinha de rosca até ficar bem coberto. Aqueça o óleo e frite o frango até dourar.

Frango cozido no vapor com presunto

Serve 4 porções

4 porções de frango
100 g / 4 oz presunto defumado, picado
3 cebolinhas (cebolinhas), picadas
15 ml / 1 colher de sopa de óleo de amendoim
sal e pimenta moída na hora
15 ml / 1 colher de sopa de salsinha

Corte as porções de frango em pedaços de 5 cm/1 cm e coloque em uma tigela refratária com o presunto e a cebolinha. Regue com azeite e tempere com sal e pimenta e misture delicadamente os ingredientes. Coloque a tigela sobre uma grade em uma panela a vapor, tampe e cozinhe em água fervente por cerca de 40 minutos até que o frango esteja macio. Sirva decorado com salsa.

Frango com molho Hoisin

Serve 4 porções

4 pedaços de frango cortados ao meio
50 g / 2 onças / ½ xícara de fubá (amido de milho)
óleo para fritar
10 ml / 2 colheres de chá de raiz de gengibre ralada
2 cebolas picadas
225 g floretes de brócolis
1 pimenta vermelha, picada
225 g de champignon
250 ml / 8 fl oz / 1 xícara de caldo de galinha
45 ml / 3 colheres de sopa de vinho de arroz ou xerez seco
45 ml / 3 colheres de sopa de vinagre de cidra
45ml/3 colheres de sopa de molho hoisin
20 ml/4 colheres de chá de molho de soja

Passe os pedaços de frango na metade do fubá. Aqueça o óleo e frite os pedaços de frango, alguns de cada vez, por cerca de 8 minutos, até dourar e ficar cozido. Retire da panela e escorra em papel de cozinha. Retire tudo menos 30ml/2 colheres de sopa de óleo da panela e frite o gengibre por 1 minuto. Adicione a cebola e refogue por 1 minuto. Adicione o brócolis, a pimenta e os cogumelos e refogue por 2 minutos. Combine o caldo com fubá reservado e os ingredientes restantes e adicione à panela. Deixe ferver, mexendo, e cozinhe até o molho ficar claro. Retorne o frango à wok e cozinhe, mexendo, por cerca de 3 minutos, até aquecer.

frango com mel

Serve 4 porções

30 ml / 2 colheres de sopa de óleo de amendoim

4 pedaços de frango

30 ml / 2 colheres de sopa de molho de soja

120 ml / 4 fl oz / ½ xícara de vinho de arroz ou xerez seco

30 ml/2 colheres de sopa de mel

5 ml/1 colher de chá de sal

1 chalota (cebolinha), picada

1 fatia de raiz de gengibre, finamente picada

Aqueça o óleo e frite o frango até dourar de todos os lados. Despeje o excesso de óleo. Misture os ingredientes restantes e despeje-os na panela. Deixe ferver, tampe e cozinhe por cerca de 40 minutos até que o frango esteja cozido.

Frango Kung Pao

Serve 4 porções
450g/1kg de frango em cubos
1 clara de ovo
5 ml/1 colher de chá de sal
30 ml / 2 colheres de sopa de farinha de milho (amido de milho)
60 ml / 4 colheres de sopa de óleo de amendoim
25 g / 1 onça pimenta vermelha seca, aparada
5ml/1 colher de chá de alho picado
15 ml / 1 colher de sopa de molho de soja
15ml/1 colher de sopa de vinho de arroz ou xerez seco 5ml/1 colher de chá de açúcar
5 ml/1 colher de chá de vinagre de vinho
5 ml/1 colher de chá de óleo de gergelim
30 ml / 2 colheres de sopa de água

Coloque o frango em uma tigela com as claras, sal e metade do fubá e deixe marinar por 30 minutos. Aqueça o óleo e frite o frango até dourar levemente, depois retire da panela. Aqueça o óleo novamente e frite o pimentão e o alho por 2 minutos. Retorne o frango à panela com o molho de soja, vinho ou xerez, açúcar, vinagre de vinho e óleo de gergelim e frite por 2 minutos. Junte o fubá restante com a água, mexa na panela e cozinhe, mexendo, até o molho clarear e engrossar.

frango com alho-poró

Serve 4 porções

30 ml / 2 colheres de sopa de óleo de amendoim
5 ml/1 colher de chá de sal
225 g / 8 onças de alho-poró, fatiado
1 fatia de raiz de gengibre picada
225 g / 8 onças de frango, em fatias finas
15 ml / 1 colher de sopa de vinho de arroz ou xerez seco
15 ml / 1 colher de sopa de molho de soja

Aqueça metade do óleo e frite o sal e o alho-poró até dourar levemente, depois retire da panela. Aqueça o óleo restante e frite o gengibre e o frango até dourar levemente. Adicione o vinho ou xerez e o molho de soja e cozinhe por mais 2 minutos até que o frango esteja cozido. Coloque o alho-poró de volta na panela e mexa até que esteja bem aquecido. Sirva imediatamente.

frango com limão

Serve 4 porções

4 peitos de frango sem osso
2 ovos
50 g / 2 onças / ½ xícara de fubá (amido de milho)
50 g / 2 oz / ½ xícara de farinha de trigo (para todos os fins)
150 ml/ ¼ pt/ ½ xícara generosa de água
óleo de amendoim para fritar
250 ml / 8 fl oz / 1 xícara de caldo de galinha
60 ml / 5 colheres de sopa de suco de limão
30 ml / 2 colheres de sopa de vinho de arroz ou xerez seco
30 ml / 2 colheres de sopa de farinha de milho (amido de milho)
30 ml / 2 colheres de sopa de purê de tomate (pasta)
1 cabeça de salada

Corte cada peito de frango em 4 pedaços. Bata os ovos, fubá e farinha de trigo, adicionando água suficiente para fazer uma massa grossa. Coloque os pedaços de frango na massa e mexa até ficarem bem revestidos. Aqueça o óleo e frite o frango até dourar e cozinhar.

Enquanto isso, misture o caldo, o suco de limão, o vinho ou xerez, a farinha de milho e o purê de tomate e aqueça delicadamente, mexendo até a mistura ferver. Cozinhe delicadamente, mexendo sempre, até o molho engrossar e ficar claro. Disponha o frango em um prato aquecido sobre uma cama de folhas de alface e regue com o molho ou sirva à parte.

Frango frito com limão

Serve 4 porções

450g/1lb de frango desossado, fatiado

30 ml / 2 colheres de sopa de suco de limão

15 ml / 1 colher de sopa de molho de soja

15 ml / 1 colher de sopa de vinho de arroz ou xerez seco

30 ml / 2 colheres de sopa de farinha de milho (amido de milho)

30 ml / 2 colheres de sopa de óleo de amendoim

2,5 ml/½ colher de chá de sal

2 dentes de alho, esmagados

50 g / 2 onças de castanhas de água, cortadas em tiras

50 g / 2 onças de brotos de bambu, cortados em tiras

algumas folhas chinesas, cortadas em tiras

60 ml / 4 colheres de sopa de caldo de galinha

15 ml / 1 colher de sopa de purê de tomate (pasta)

15 ml / 1 colher de sopa de açúcar

15 ml / 1 colher de sopa de suco de limão

Coloque o frango em uma tigela. Misture o suco de limão, molho de soja, vinho ou xerez e 15 ml/1 colher de sopa de fubá juntos, despeje sobre o frango e deixe marinar por 1 hora, virando de vez em quando.

Aqueça o azeite, o sal e o alho até dourar levemente o alho, acrescente o frango e a marinada e refogue por cerca de 5 minutos até o frango dourar levemente. Adicione as castanhas d'água, brotos de bambu e folhas chinesas e refogue por mais 3 minutos ou até que o frango esteja cozido. Junte os restantes ingredientes e frite durante aprox. 3 minutos até o molho ficar claro e engrossar.

Fígado de galinha com brotos de bambu

Serve 4 porções

225 g / 8 onças de fígado de galinha, em fatias grossas
45 ml / 3 colheres de sopa de vinho de arroz ou xerez seco
45 ml / 3 colheres de sopa de óleo de amendoim
15 ml / 1 colher de sopa de molho de soja
100 g / 4 onças de brotos de bambu, fatiados
100 g / 4 oz castanhas d'água, fatiadas
60 ml / 4 colheres de sopa de caldo de galinha
sal e pimenta moída na hora

Misture os fígados de frango com o vinho ou xerez e deixe por 30 minutos. Aqueça o óleo e frite os fígados de frango até dourar levemente. Adicione a marinada, o molho de soja, os brotos de bambu, as castanhas d'água e o caldo. Deixe ferver e tempere com sal e pimenta. Cubra e cozinhe por cerca de 10 minutos até ficar macio.

fígado de frango frito

Serve 4 porções

450g/1lb de fígado de frango, cortados ao meio

50 g / 2 onças / ½ xícara de fubá (amido de milho)

óleo para fritar

Seque os fígados de frango e polvilhe com farinha de milho, sacuda o excesso. Aqueça o óleo e frite os fígados de frango por alguns minutos até que fiquem dourados e cozidos. Escorra em papel de cozinha antes de servir.

Fígado de Frango com Mangetout

Serve 4 porções

225 g / 8 onças de fígado de galinha, em fatias grossas

10 ml / 2 colheres de chá de farinha de milho (amido de milho)

10 ml / 2 colheres de chá de vinho de arroz ou xerez seco

15 ml / 1 colher de sopa de molho de soja

45 ml / 3 colheres de sopa de óleo de amendoim

2,5 ml / ½ colher de chá de sal

2 fatias de raiz de gengibre picadas

100 g / 4 oz mangetout (ervilhas)

10 ml / 2 colheres de chá de farinha de milho (amido de milho)

60 ml / 4 colheres de sopa de água

Coloque os fígados de frango em uma tigela. Adicione fubá, vinho ou xerez e molho de soja e misture bem. Aqueça metade do óleo e frite o sal e o gengibre até dourar levemente. Adicione o mangetout e frite até ficar bem coberto com óleo, em seguida, retire da panela. Aqueça o óleo restante e frite os fígados de frango por 5 minutos até ficarem bem cozidos. Bata o fubá com a água até formar uma pasta, coloque na panela e cozinhe, mexendo, até o molho ficar claro e engrossar. Retorne o mangetout para a panela e cozinhe até aquecer.

Fígado de galinha com panqueca de macarrão

Serve 4 porções

30 ml / 2 colheres de sopa de óleo de amendoim

1 cebola, fatiada

450g/1lb de fígado de frango, cortados ao meio

2 talos de aipo, fatiados

120 ml / 4 fl oz / ½ xícara de caldo de galinha

15 ml / 1 colher de sopa de farinha de milho (amido de milho)

15 ml / 1 colher de sopa de molho de soja

30 ml / 2 colheres de sopa de água

panqueca de macarrão

Aqueça o óleo e frite a cebola até murchar. Adicione os fígados de frango e frite até dourar. Adicione o aipo e refogue por 1 minuto. Adicione o caldo, deixe ferver, tampe e cozinhe por 5 minutos. Bata o fubá, o molho de soja e a água até formar uma pasta, coloque na panela e cozinhe, mexendo, até o molho ficar claro e engrossar. Despeje a mistura sobre a panqueca de macarrão e sirva.

Fígado de Frango com Molho de Ostra

Serve 4 porções

45 ml / 3 colheres de sopa de óleo de amendoim

1 cebola picada

225 g / 8 oz fígados de frango, cortados ao meio

100g / 4oz cogumelos, fatiados

30 ml / 2 colheres de sopa de molho de ostra

15 ml / 1 colher de sopa de molho de soja

15 ml / 1 colher de sopa de vinho de arroz ou xerez seco

120 ml / 4 fl oz / ½ xícara de caldo de galinha

5 ml/1 colher de chá de açúcar

15 ml / 1 colher de sopa de farinha de milho (amido de milho)

45 ml / 3 colheres de sopa de água

Aqueça metade do azeite e frite a cebola até dourar. Adicione os fígados de frango e frite até dourar. Adicione os cogumelos e frite por 2 minutos. Junte o molho de ostra, o molho de soja, o vinho ou xerez, o caldo e o açúcar, despeje na panela e leve ao fogo, mexendo. Bata a maisena com a água até formar uma pasta, acrescente à panela e cozinhe, mexendo, até o molho ficar claro e engrossar e os fígados ficarem macios.

Fígado de Frango com Abacaxi

Serve 4 porções

225 g / 8 oz fígados de frango, cortados ao meio

45 ml / 3 colheres de sopa de óleo de amendoim

30 ml / 2 colheres de sopa de molho de soja

15 ml / 1 colher de sopa de farinha de milho (amido de milho)

15 ml / 1 colher de sopa de açúcar

15 ml / 1 colher de sopa de vinagre de vinho

sal e pimenta moída na hora

100 g / 4 oz pedaços de abacaxi

60 ml / 4 colheres de sopa de caldo de galinha

Escalde os fígados de frango em água fervente por 30 segundos e escorra. Aqueça o óleo e frite os fígados de frango por 30 segundos. Misture o molho de soja, fubá, açúcar, vinagre de vinho, sal e pimenta, despeje na panela e mexa bem para cobrir os fígados de frango. Adicione os pedaços de abacaxi e o caldo e cozinhe por cerca de 3 minutos até que os fígados estejam cozidos.

Fígado de galinha agridoce

Serve 4 porções

30 ml / 2 colheres de sopa de óleo de amendoim
450 g / 1 lb de fígado de galinha, esquartejado
2 pimentões verdes, cortados em pedaços
4 latas de abacaxi em rodelas cortadas em pedaços
60 ml / 4 colheres de sopa de caldo de galinha
30 ml / 2 colheres de sopa de farinha de milho (amido de milho)
10 ml/2 colheres de chá de molho de soja
100 g / 4 onças / ½ xícara de açúcar
120 ml / 4 fl oz / ½ xícara de vinagre de vinho
120 ml / 4 fl oz / ½ xícara de água

Aqueça o óleo e frite os fígados até dourar levemente, depois transfira para um prato aquecido. Adicione os pimentões à panela e frite por 3 minutos. Adicione o abacaxi e o caldo, deixe ferver, tampe e cozinhe por 15 minutos. Misture os ingredientes restantes em uma pasta, mexa na panela e cozinhe, mexendo, até o molho engrossar. Despeje sobre os fígados de frango e sirva.

frango com lichia

Serve 4 porções

3 peitos de frango

60 ml / 4 colheres de sopa de farinha de milho (amido de milho)

45 ml / 3 colheres de sopa de óleo de amendoim

5 cebolinhas (cebolinhas), fatiadas

1 pimentão vermelho, cortado em pedaços

120 ml / 4 fl oz / ½ xícara de molho de tomate

120 ml / 4 fl oz / ½ xícara de caldo de galinha

5 ml/1 colher de chá de açúcar

275g/10 onças de lichia descascada

Corte os peitos de frango ao meio e retire e descarte os ossos e a pele. Corte cada peito em 6. Reserve 5 ml/1 colher de chá de farinha de milho e jogue o frango no restante até cobrir bem. Aqueça o óleo e frite o frango por cerca de 8 minutos até dourar. Adicione a cebolinha e a pimenta e refogue por 1 minuto. Junte o molho de tomate, metade do caldo e o açúcar e misture na wok com a lichia. Deixe ferver, tampe e cozinhe por cerca de 10 minutos até que o frango esteja cozido. Junte o fubá e o caldo reservados e, em seguida, misture na panela. Cozinhe, mexendo, até o molho ficar claro e engrossar.

Frango com molho de lichia

Serve 4 porções

225g/8 onças de frango

1 cebolinha (cebolinha)

4 castanhas d'água

30 ml / 2 colheres de sopa de farinha de milho (amido de milho)

45 ml / 3 colheres de sopa de molho de soja

30 ml / 2 colheres de sopa de vinho de arroz ou xerez seco

2 claras de ovo

óleo para fritar

400g / 14oz lata de lichias em calda

5 colheres de caldo de galinha

Pique (esmague) o frango com cebolinha e castanhas de água. Misture metade da farinha de milho, 30ml/2 colheres de sopa de molho de soja, o vinho ou xerez e as claras e modele a mistura em bolas do tamanho de nozes. Aqueça o óleo e frite o frango até dourar. Escorra em papel de cozinha.

Enquanto isso, aqueça delicadamente a calda de lichia com o caldo e o molho de soja reservado. Misture o fubá restante com um pouco de água, mexa na panela e cozinhe, mexendo, até o molho ficar claro e engrossar. Adicione a lichia e deixe ferver suavemente para aquecer. Disponha o frango em um prato aquecido, regue com a lichia e o molho e sirva.

Frango com Mangetout

Serve 4 porções

225 g / 8 onças de frango, em fatias finas
5 ml / 1 colher de fubá (amido de milho)
5 ml/1 colher de chá de vinho de arroz ou xerez seco
5 ml/1 colher de chá de óleo de gergelim
1 clara de ovo, levemente batida
45 ml / 3 colheres de sopa de óleo de amendoim
1 dente de alho, esmagado
1 fatia de raiz de gengibre picada
100 g / 4 oz mangetout (ervilhas)
120 ml / 4 fl oz / ½ xícara de caldo de galinha
sal e pimenta moída na hora

Misture o frango com fubá, vinho ou xerez, óleo de gergelim e clara de ovo. Aqueça metade do azeite e frite o alho e o gengibre até dourar. Adicione o frango e frite até dourar e retire da panela. Aqueça o óleo restante e frite o manjericão por 2 minutos. Adicione o caldo, deixe ferver, tampe e cozinhe por 2 minutos. Volte o frango para a panela e tempere com sal e pimenta. Cozinhe delicadamente até aquecer completamente.

frango com manga

Serve 4 porções

100 g / 4 onças / 1 xícara de farinha comum (para todos os fins)
250 ml / 8 fl oz / 1 xícara de água
2,5 ml/½ colher de chá de sal
pitada de fermento em pó
3 peitos de frango
óleo para fritar
1 fatia de raiz de gengibre picada
150 ml/¼ pt/ ½ xícara generosa de caldo de galinha
45 ml/3 colheres de sopa de vinagre de vinho
45 ml / 3 colheres de sopa de vinho de arroz ou xerez seco
20 ml/4 colheres de chá de molho de soja
10 ml / 2 colheres de chá de açúcar
10 ml / 2 colheres de chá de farinha de milho (amido de milho)
5 ml/1 colher de chá de óleo de gergelim
5 cebolinhas (cebolinhas), fatiadas
400 g / 11 onças de manga enlatada, escorrida e cortada em tiras

Misture a farinha, a água, o sal e o fermento. Deixe descansar por 15 minutos. Retire e descarte a pele e os ossos do frango. Corte o frango em tiras finas. Misture-os na mistura de farinha. Aqueça o óleo e frite o frango por cerca de 5 minutos até dourar. Retire da panela e escorra em papel de cozinha. Retire tudo menos 15ml/1 colher de sopa de óleo da wok e frite o gengibre até dourar levemente. Misture o caldo com vinho, vinagre de vinho ou xerez, molho de soja, açúcar, fubá e óleo de gergelim. Adicione à panela e deixe ferver, mexendo. Adicione a cebolinha e refogue por 3 minutos. Adicione o frango e a manga e cozinhe, mexendo, por 2 minutos.

Melão recheado com frango

Serve 4 porções

350g/12oz frango

6 castanhas d'água

2 vieiras sem casca

4 fatias de raiz de gengibre

5 ml/1 colher de chá de sal

15 ml / 1 colher de sopa de molho de soja

600 ml / 1 pt / 2½ xícaras de caldo de galinha

8 melões cantaloupe pequenos ou 4 médios

Pique finamente o frango, as castanhas, as vieiras e o gengibre e misture com sal, molho de soja e caldo. Corte os topos dos melões e retire as sementes. Adapta-se às bordas superiores. Recheie os melões com a mistura de frango e coloque-os em uma grelha a vapor. Cozinhe em água fervente por 40 minutos até que o frango esteja cozido.

Frango estufado e cogumelos

Serve 4 porções

45 ml / 3 colheres de sopa de óleo de amendoim
1 dente de alho, esmagado
1 chalota (cebolinha), picada
1 fatia de raiz de gengibre picada
225 g / 8 onças de peito de frango, fatiado
225 g de champignon
45 ml / 3 colheres de sopa de molho de soja
15 ml / 1 colher de sopa de vinho de arroz ou xerez seco
5 ml / 1 colher de fubá (amido de milho)

Aqueça o azeite e frite o alho, a cebolinha e o gengibre até dourar levemente. Adicione o frango e refogue por 5 minutos. Adicione os cogumelos e refogue por 3 minutos. Adicione o molho de soja, vinho ou xerez e fubá e cozinhe por cerca de 5 minutos até que o frango esteja cozido.

Frango com cogumelos e amendoim

Serve 4 porções

30 ml / 2 colheres de sopa de óleo de amendoim

2 dentes de alho, esmagados

1 fatia de raiz de gengibre picada

450 g / 1 lb de frango desossado, em cubos

225 g de champignon

100 g / 4 onças de brotos de bambu, cortados em tiras

1 pimentão verde picado

1 pimenta vermelha em cubos

250 ml / 8 fl oz / 1 xícara de caldo de galinha

30 ml / 2 colheres de sopa de vinho de arroz ou xerez seco

15 ml / 1 colher de sopa de molho de soja

15 ml / 1 colher de sopa de tabasco

30 ml / 2 colheres de sopa de farinha de milho (amido de milho)

30 ml / 2 colheres de sopa de água

Aqueça o azeite, o alho e o gengibre até dourar levemente o alho. Adicione o frango e refogue até dourar levemente. Adicione os cogumelos, os brotos de bambu e os pimentões e refogue por 3 minutos. Adicione o caldo, vinho ou xerez, molho de soja e molho Tabasco e deixe ferver, mexendo. Cubra e cozinhe por cerca de 10 minutos até que o frango esteja cozido. Misture o fubá com a água e misture ao molho. Cozinhe, mexendo, até o molho ficar claro e engrossar, adicionando um pouco mais de caldo ou água se o molho estiver muito grosso.

Frango frito com cogumelos

Serve 4 porções

6 cogumelos chineses secos
1 peito de frango, cortado em fatias finas
1 fatia de raiz de gengibre picada
2 cebolinhas (cebolinhas), picadas
15 ml / 1 colher de sopa de farinha de milho (amido de milho)
15 ml / 1 colher de sopa de vinho de arroz ou xerez seco
30 ml / 2 colheres de sopa de água
2,5 ml/½ colher de chá de sal
45 ml / 3 colheres de sopa de óleo de amendoim
225 g / 8 onças de cogumelos, fatiados
100 g / 4 oz brotos de feijão
15 ml / 1 colher de sopa de molho de soja
5 ml/1 colher de chá de açúcar
120 ml / 4 fl oz / ½ xícara de caldo de galinha

Mergulhe os cogumelos em água quente por 30 minutos e escorra. Descarte os talos e corte as pontas. Coloque o frango em uma tigela. Misture gengibre, cebolinha, fubá, vinho ou xerez, água e sal, misture o frango e deixe de molho por 1 hora. Aqueça metade do óleo e frite o frango até dourar levemente, depois retire da panela. Aqueça o azeite restante e refogue os cogumelos frescos secos e os brotos de feijão por 3 minutos. Adicione o molho de soja, o açúcar e o caldo, deixe ferver, tampe e cozinhe por 4 minutos até que os legumes estejam macios. Retorne o frango à panela, mexa bem e reaqueça delicadamente antes de servir.

Frango ao vapor com cogumelos

Serve 4 porções

4 pedaços de frango
30 ml / 2 colheres de sopa de farinha de milho (amido de milho)
30 ml / 2 colheres de sopa de molho de soja
3 cebolinhas (cebolinhas), picadas
2 fatias de raiz de gengibre picadas
2,5 ml/½ colher de chá de sal
100g / 4oz cogumelos, fatiados

Corte os pedaços de frango em pedaços de 5cm/2cm e coloque-os em uma tigela refratária. Misture o fubá com o molho de soja até formar uma pasta, acrescente a cebolinha, o gengibre e o sal e misture bem com o frango. Misture delicadamente os cogumelos. Coloque a tigela sobre uma grade em uma panela a vapor, tampe e cozinhe em água fervente por cerca de 35 minutos até que o frango esteja macio.

frango com cebola

Serve 4 porções
60 ml / 4 colheres de sopa de óleo de amendoim
2 cebolas picadas
450g/1lb de frango, fatiado
30 ml / 2 colheres de sopa de vinho de arroz ou xerez seco
250 ml / 8 fl oz / 1 xícara de caldo de galinha
45 ml / 3 colheres de sopa de molho de soja
30 ml / 2 colheres de sopa de farinha de milho (amido de milho)
45 ml / 3 colheres de sopa de água

Aqueça o óleo e frite a cebola até dourar levemente. Adicione o frango e frite até dourar levemente. Adicione o vinho ou o xerez, o caldo e o molho de soja, deixe ferver, tampe e cozinhe por 25 minutos até que o frango esteja macio. Bata o fubá com a água até formar uma pasta, coloque na panela e cozinhe, mexendo, até o molho ficar claro e engrossar.

Frango com laranja e limão

Serve 4 porções

350g/1lb de frango, cortado em tiras

30 ml / 2 colheres de sopa de óleo de amendoim

2 dentes de alho, esmagados

2 fatias de raiz de gengibre picadas

casca ralada de ½ laranja

casca ralada de ½ limão

45 ml / 3 colheres de sopa de suco de laranja

45 ml / 3 colheres de sopa de suco de limão

15 ml / 1 colher de sopa de molho de soja

3 cebolinhas (cebolinhas), picadas

15 ml / 1 colher de sopa de farinha de milho (amido de milho)

45 ml / 1 colher de sopa de água

Escalde o frango em água fervente por 30 segundos e escorra. Aqueça o óleo e frite o alho e o gengibre por 30 segundos. Adicione as raspas e o suco de laranja e limão, o molho de soja e a cebolinha e refogue por 2 minutos. Adicione o frango e cozinhe por alguns minutos até que o frango esteja macio. Bata o fubá com a água até formar uma pasta, coloque na panela e cozinhe, mexendo, até o molho engrossar.

Frango com molho de ostra

Serve 4 porções

30 ml / 2 colheres de sopa de óleo de amendoim

1 dente de alho, esmagado

1 fatia de gengibre, finamente picado

450g/1lb de frango, fatiado

250 ml / 8 fl oz / 1 xícara de caldo de galinha

30 ml / 2 colheres de sopa de molho de ostra

15 ml / 1 colher de sopa de vinho de arroz ou xerez

5 ml/1 colher de chá de açúcar

Aqueça o azeite com o alho e o gengibre e frite até dourar levemente. Adicione o frango e refogue por cerca de 3 minutos até dourar levemente. Adicione o caldo, o molho de ostras, vinho ou xerez e o açúcar, deixe ferver mexendo, tampe e cozinhe por aprox. 15 minutos, mexendo de vez em quando, até o frango estar cozido. Retire a tampa e continue cozinhando, mexendo, por cerca de 4 minutos, até o molho reduzir e engrossar.

porções de frango

Serve 4 porções

225g/8 onças de frango
30 ml / 2 colheres de sopa de vinho de arroz ou xerez seco
30 ml / 2 colheres de sopa de molho de soja
papel pergaminho ou pergaminho
30 ml / 2 colheres de sopa de óleo de amendoim
óleo para fritar

Corte o frango em cubos de 5 cm/2. Junte o vinho ou xerez e o molho de soja, regue o frango e mexa bem. Cubra e deixe descansar por 1 hora, mexendo de vez em quando. Corte o papel em 10cm/4 quadrados e pincele com óleo. Escorra bem o frango. Coloque um pedaço de papel na superfície de trabalho com um canto voltado para você. Coloque um pedaço de frango no quadrado logo abaixo do centro, dobre no canto inferior e dobre novamente para fechar o frango. Dobre as laterais e, em seguida, dobre o canto superior para prender o pacote. Aqueça o óleo e frite os pedaços de frango por cerca de 5 minutos, até que estejam bem cozidos. Servido quente em embalagem para que os convidados possam abrir.

frango com amendoim

Serve 4 porções

225 g / 8 onças de frango, em fatias finas

1 clara de ovo, levemente batida

10 ml / 2 colheres de chá de farinha de milho (amido de milho)

45 ml / 3 colheres de sopa de óleo de amendoim

1 dente de alho, esmagado

1 fatia de raiz de gengibre picada

2 alhos-porós picados

30 ml / 2 colheres de sopa de molho de soja

15 ml / 1 colher de sopa de vinho de arroz ou xerez seco

100g/4 onças de amendoim torrado

Misture o frango com as claras e a farinha de milho até ficar bem coberto. Aqueça metade do óleo e frite o frango até dourar e retire da panela. Aqueça o óleo restante e frite o alho e o gengibre até ficarem macios. Adicione o alho-poró e frite até dourar levemente. Junte o molho de soja e o vinho ou xerez e cozinhe por 3 minutos. Retorne o frango para a panela com o amendoim e cozinhe lentamente até aquecer.

Frango Manteiga De Amendoim

Serve 4 porções

4 peitos de frango em cubos

sal e pimenta moída na hora

5 ml/1 colher de chá de cinco especiarias em pó

45 ml / 3 colheres de sopa de óleo de amendoim

1 cebola, em cubos

2 cenouras em cubos

1 folha de aipo, em cubos

300 ml / ½ pt / 1 ¼ xícaras de caldo de galinha

10 ml / 2 colheres de chá de purê de tomate (pasta)

100 g / 4 onças de manteiga de amendoim

15 ml / 1 colher de sopa de molho de soja

10 ml / 2 colheres de chá de farinha de milho (amido de milho)

pitada de açúcar mascavo

15 ml / 1 colher de sopa de cebolinha picada

Tempere o frango com sal, pimenta e cinco especiarias em pó. Aqueça o óleo e frite o frango até ficar macio. Retire da panela. Adicione os legumes e cozinhe até ficarem macios, mas ainda crocantes. Misture o caldo com os demais ingredientes, menos a cebolinha, mexa na panela e leve ao fogo. Retorne o frango para a panela e reaqueça, mexendo. Sirva polvilhado com açúcar.

frango com ervilha

Serve 4 porções

60 ml / 4 colheres de sopa de óleo de amendoim

1 cebola picada

450g/1kg de frango em cubos

sal e pimenta moída na hora

100 g de ervilha

2 talos de aipo picados

100g/4 onças de cogumelos picados

250 ml / 8 fl oz / 1 xícara de caldo de galinha

15 ml / 1 colher de sopa de farinha de milho (amido de milho)

15 ml / 1 colher de sopa de molho de soja

60 ml / 4 colheres de sopa de água

Aqueça o óleo e frite a cebola até dourar levemente. Adicione o frango e frite até dourar. Tempere com sal e pimenta e junte as ervilhas, o aipo e os cogumelos e mexa bem. Adicione o caldo, deixe ferver, tampe e cozinhe por 15 minutos. Bata o fubá, o molho de soja e a água até formar uma pasta, coloque na panela e cozinhe, mexendo, até o molho ficar claro e engrossar.

Frango à Pequim

Serve 4 porções

4 porções de frango
sal e pimenta moída na hora
5 ml/1 colher de chá de açúcar
1 chalota (cebolinha), picada
1 fatia de raiz de gengibre picada
15 ml / 1 colher de sopa de molho de soja
15 ml / 1 colher de sopa de vinho de arroz ou xerez seco
15 ml / 1 colher de sopa de farinha de milho (amido de milho)
óleo para fritar

Coloque as porções de frango em uma tigela rasa e polvilhe com sal e pimenta. Misture açúcar, cebolinha, gengibre, molho de soja e vinho ou xerez, esfregue no frango, tampe e deixe marinar por 3 horas. Escorra o frango e polvilhe com fubá. Aqueça o óleo e frite o frango até dourar e cozinhar. Escorra bem antes de servir.

Frango Pimenta

Serve 4 porções

60 ml / 4 colheres de sopa de molho de soja

45 ml / 3 colheres de sopa de vinho de arroz ou xerez seco

45 ml / 3 colheres de sopa de farinha de milho (amido de milho)

450g/1lb de frango picado (moído)

60 ml / 4 colheres de sopa de óleo de amendoim

2,5 ml/½ colher de chá de sal

2 dentes de alho, esmagados

2 pimentões vermelhos picados

1 pimentão verde picado

5 ml/1 colher de chá de açúcar

300 ml / ½ pt / 1 ¼ xícaras de caldo de galinha

Junte metade do molho de soja, metade do vinho ou xerez e metade da farinha de milho, despeje sobre o frango, mexa bem e deixe marinar por pelo menos 1 hora. Aqueça metade do azeite com sal e alho até dourar levemente o alho. Adicione o frango e a marinada e refogue por cerca de 4 minutos até o frango ficar branco e retire da panela. Adicione o óleo restante à panela e frite os pimentões por 2 minutos. Adicione o açúcar à panela com o restante molho de soja, vinho ou xerez e fubá e misture bem. Adicione o caldo, deixe ferver e cozinhe, mexendo, até o molho engrossar. Retorne o frango para a panela, tampe e cozinhe por 4 minutos até que o frango esteja cozido.

Frango frito com pimenta

Serve 4 porções

1 peito de frango, cortado em fatias finas
2 fatias de raiz de gengibre picadas

2 cebolinhas (cebolinhas), picadas

15 ml / 1 colher de sopa de farinha de milho (amido de milho)

30 ml / 2 colheres de sopa de vinho de arroz ou xerez seco

30 ml / 2 colheres de sopa de água

2,5 ml/½ colher de chá de sal

45 ml / 3 colheres de sopa de óleo de amendoim

100 g / 4 oz castanhas d'água, fatiadas

1 pimentão vermelho, cortado em tiras

1 pimentão verde, cortado em tiras

1 pimentão amarelo, cortado em tiras

30 ml / 2 colheres de sopa de molho de soja

120 ml / 4 fl oz / ½ xícara de caldo de galinha

Coloque o frango em uma tigela. Misture gengibre, cebolinha, fubá, vinho ou xerez, água e sal, misture o frango e deixe de molho por 1 hora. Aqueça metade do óleo e frite o frango até dourar levemente, depois retire da panela. Aqueça o óleo restante e frite as castanhas d'água e os pimentões por 2 minutos. Adicione o molho de soja e o caldo, deixe ferver, tampe e cozinhe por 5 minutos até que os legumes estejam macios. Retorne o frango à panela, mexa bem e reaqueça delicadamente antes de servir.

frango e abacaxi

Serve 4 porções

30 ml / 2 colheres de sopa de óleo de amendoim

5 ml/1 colher de chá de sal

2 dentes de alho, esmagados

450g/1lb de frango desossado, em fatias finas

2 cebolas, fatiadas

100 g / 4 oz castanhas d'água, fatiadas

100 g / 4 oz pedaços de abacaxi

30 ml / 2 colheres de sopa de vinho de arroz ou xerez seco

450 ml / ¾ pt / 2 xícaras de caldo de galinha

5 ml/1 colher de chá de açúcar

pimenta moída na hora

30 ml / 2 colheres de sopa de suco de abacaxi

30 ml / 2 colheres de sopa de molho de soja

30 ml / 2 colheres de sopa de farinha de milho (amido de milho)

Aqueça o azeite, o sal e o alho até dourar levemente o alho. Adicione o frango e refogue por 2 minutos. Adicione a cebola, as castanhas d'água e o abacaxi e refogue por 2 minutos. Adicione vinho ou xerez, caldo e açúcar e tempere com pimenta. Deixe ferver, tampe e cozinhe por 5 minutos. Junte o suco de abacaxi, o molho de soja e a farinha de milho.Mexa na panela e cozinhe, mexendo, até o molho engrossar e clarear.

Frango com abacaxi e lichia

Serve 4 porções

30 ml / 2 colheres de sopa de óleo de amendoim

225 g / 8 onças de frango, em fatias finas

1 fatia de raiz de gengibre picada

15 ml / 1 colher de sopa de molho de soja

15 ml / 1 colher de sopa de vinho de arroz ou xerez seco

200g / 7oz lata de pedaços de abacaxi

200g / 7oz lata de lichias em calda

15 ml / 1 colher de sopa de farinha de milho (amido de milho)

Aqueça o óleo e frite o frango até dourar levemente. Adicione o molho de soja e vinho ou xerez e mexa bem. Meça 8 fl oz / 250 ml / 1 xícara de mistura de abacaxi e lichia e reserve 30 ml / 2 colheres de sopa. Adicione o restante à panela, deixe ferver e cozinhe por alguns minutos até que o frango esteja macio. Adicione pedaços de abacaxi e lichia. Misture o fubá com a calda reservada, mexa na panela e cozinhe, mexendo, até o molho ficar claro e engrossar.

frango com carne de porco

Serve 4 porções

1 peito de frango, cortado em fatias finas

100 g/4 onças de carne de porco magra, em fatias finas

60 ml / 4 colheres de sopa de molho de soja

15 ml / 1 colher de sopa de farinha de milho (amido de milho)

1 clara de ovo

45 ml / 3 colheres de sopa de óleo de amendoim
3 fatias de raiz de gengibre picadas
50 g / 2 onças de brotos de bambu, fatiados
225 g / 8 onças de cogumelos, fatiados
225 g / 8 onças de folhas chinesas picadas
120 ml / 4 fl oz / ½ xícara de caldo de galinha
30 ml / 2 colheres de sopa de água

Misture frango e carne de porco. Combine o molho de soja, 5ml/1 colher de chá de farinha de milho e clara de ovo e misture no frango e na carne de porco. Deixe descansar por 30 minutos. Aqueça metade do óleo e frite o frango e a carne de porco até dourar levemente, depois retire da panela. Aqueça o óleo restante e frite o gengibre, brotos de bambu, cogumelos e folhas chinesas até ficarem bem cobertos de óleo. Adicione o caldo e deixe ferver. Retorne a mistura de frango para a panela, tampe e cozinhe por cerca de 3 minutos até que a carne esteja macia. Misture o fubá restante em uma pasta com a água, misture ao molho e cozinhe, mexendo, até o molho engrossar. Sirva imediatamente.

Frango frito com batatas

Serve 4 porções
4 pedaços de frango

45 ml / 3 colheres de sopa de óleo de amendoim

1 cebola, fatiada

1 dente de alho, esmagado

2 fatias de raiz de gengibre picadas

450 ml / ¾ pt / 2 xícaras de água

45 ml / 3 colheres de sopa de molho de soja

15 ml / 1 colher de sopa de açúcar mascavo

2 batatas em cubos

Corte o frango em pedaços de 5cm/2cm. Aqueça o óleo e frite a cebola, o alho e o gengibre até dourar levemente. Adicione o frango e frite até dourar levemente. Adicione a água e o molho de soja e deixe ferver. Adicione o açúcar, tampe e cozinhe por cerca de 30 minutos. Adicione as batatas à panela, tampe e cozinhe por mais 10 minutos, até que o frango esteja macio e as batatas cozidas.

Frango cinco especiarias com batatas

Serve 4 porções

45 ml / 3 colheres de sopa de óleo de amendoim

450g/1lb de frango, cortado em pedaços

sal

45 ml / 3 colheres de sopa de pasta de feijão amarelo

45 ml / 3 colheres de sopa de molho de soja

5 ml/1 colher de chá de açúcar

5 ml/1 colher de chá de cinco especiarias em pó

1 batata em cubos

450 ml / ¾ pt / 2 xícaras de caldo de galinha

Aqueça o óleo e frite o frango até dourar levemente. Polvilhe com sal, acrescente a pasta de feijão, molho de soja, açúcar e cinco especiarias em pó e mexa por 1 minuto. Adicione a batata e mexa bem, depois acrescente o caldo, deixe ferver, tampe e cozinhe por cerca de 30 minutos até ficar macio.

Frango vermelho cozido

Serve 4 porções

450g/1lb de frango, fatiado

120 ml / 4 fl oz / ½ xícara de molho de soja

15 ml / 1 colher de sopa de açúcar

2 fatias de raiz de gengibre, finamente picadas

90 ml / 6 colheres de sopa de caldo de galinha

30 ml / 2 colheres de sopa de vinho de arroz ou xerez seco

4 cebolinhas (cebolinhas), fatiadas

Coloque todos os ingredientes em uma panela e leve ao fogo. Cubra e cozinhe por cerca de 15 minutos até que o frango esteja cozido. Retire a tampa e continue a ferver por cerca de 5 minutos, mexendo ocasionalmente, até o molho engrossar. Sirva polvilhado com cebolinho.

almôndegas de frango

Serve 4 porções

225 g / 8 onças de carne de frango, picada (moída)

3 castanhas d'água picadas

1 chalota (cebolinha), picada

1 fatia de raiz de gengibre picada

2 claras de ovo

5 ml / 2 colheres de chá de sal

5ml/1 colher de chá de pimenta moída na hora

120 ml / 4 fl oz / ½ xícara de óleo de amendoim
5ml/1 colher de chá de presunto picado

Misture o frango, as castanhas, metade das chalotas, o gengibre, as claras, o sal e a pimenta. Forme pequenas bolas e pressione bem. Aqueça o óleo e frite as almôndegas até dourar, virando-as uma vez. Sirva polvilhado com o restante cebolinho e presunto.

frango salgado

Serve 4 porções

30 ml / 2 colheres de sopa de óleo de amendoim
4 pedaços de frango
3 cebolinhas (cebolinhas), picadas
2 dentes de alho, esmagados
1 fatia de raiz de gengibre picada
120 ml / 4 fl oz / ½ xícara de molho de soja
30 ml / 2 colheres de sopa de vinho de arroz ou xerez seco
30 ml / 2 colheres de sopa de açúcar mascavo
5 ml/1 colher de chá de sal

375 ml / 13 fl oz / 1 ½ xícaras de água

15 ml / 1 colher de sopa de farinha de milho (amido de milho)

Aqueça o óleo e frite os pedaços de frango até dourar. Adicione as chalotas, alho e gengibre e cozinhe por 2 minutos. Adicione o molho de soja, vinho ou xerez, açúcar e sal e mexa bem. Adicione a água e deixe ferver, tampe e cozinhe por 40 minutos. Misture o fubá com um pouco de água, misture ao molho e cozinhe, mexendo, até o molho clarear e engrossar.

Frango em óleo de gergelim

Serve 4 porções

90 ml / 6 colheres de sopa de óleo de amendoim

60 ml/4 colheres de sopa de óleo de gergelim

5 fatias de raiz de gengibre

4 pedaços de frango

600 ml / 1 pt / 2½ xícaras de vinho de arroz ou xerez seco

5 ml/1 colher de chá de açúcar

sal e pimenta moída na hora

Aqueça os óleos e frite o gengibre e o frango até dourar levemente. Adicione vinho ou xerez e tempere com açúcar, sal e pimenta. Deixe ferver e cozinhe lentamente, descoberto, até que o frango esteja macio e o molho reduzido. Sirva em tigelas.

frango xerez

Serve 4 porções

30 ml / 2 colheres de sopa de óleo de amendoim
4 pedaços de frango
120 ml / 4 fl oz / ½ xícara de molho de soja
500 ml / 17 fl oz / 2 ¼ xícaras de vinho de arroz ou xerez seco
30 ml / 2 colheres de sopa de açúcar
5 ml/1 colher de chá de sal
2 dentes de alho, esmagados
1 fatia de raiz de gengibre picada

Aqueça o óleo e frite o frango até dourar de todos os lados. Escorra o excesso de óleo e adicione todos os ingredientes restantes. Deixe ferver, tampe e cozinhe em fogo alto por 25 minutos. Abaixe o fogo e cozinhe por mais 15 minutos, até que o frango esteja cozido e o molho reduzido.

Frango com molho de soja

Serve 4 porções

350g/12oz frango em cubos

2 cebolinhas (cebolinhas), picadas

3 fatias de raiz de gengibre picadas

15 ml / 1 colher de sopa de farinha de milho (amido de milho)

30 ml / 2 colheres de sopa de vinho de arroz ou xerez seco

30 ml / 2 colheres de sopa de água

45 ml / 3 colheres de sopa de óleo de amendoim

60 ml / 4 colheres de sopa de molho de soja grosso

5 ml/1 colher de chá de açúcar

Junte o frango, a cebolinha, o gengibre, o fubá, o vinho ou xerez e a água e deixe por 30 minutos, mexendo de vez em quando. Aqueça o óleo e frite o frango por cerca de 3 minutos até dourar levemente. Adicione o molho de soja e o açúcar e refogue por cerca de 1 minuto, até que o frango esteja cozido e macio.

frango frito picante

Serve 4 porções

150 ml/¼ pt/ ½ xícara generosa de molho de soja

2 dentes de alho, esmagados

50 g / 2 onças / ¼ xícara de açúcar mascavo

1 cebola, finamente picada

30 ml / 2 colheres de sopa de purê de tomate (pasta)

1 rodela de limão, picada

1 fatia de raiz de gengibre picada

45 ml / 3 colheres de sopa de vinho de arroz ou xerez seco

4 pedaços grandes de frango

Misture todos os ingredientes menos o frango. Coloque o frango em um refratário, despeje a mistura, tampe e deixe marinar de um dia para o outro, regando de vez em quando. Asse o frango em forno pré-aquecido a 180°C/350°F/gás marca 4 por 40 minutos, virando e assando ocasionalmente. Retire a tampa, aumente a temperatura do forno para 200°C/400°F/gás marca 6 e continue a assar por mais 15 minutos até que o frango esteja bem cozido.

frango com espinafre

Serve 4 porções

100g/4oz frango, picado

15 ml / 1 colher de sopa de gordura de presunto picada

175 ml / 6 fl oz / ¾ xícara de caldo de galinha

3 claras de ovo levemente batidas

sal

5 ml/1 colher de chá de água

450g/1lb de espinafre picado finamente

5 ml / 1 colher de fubá (amido de milho)

45 ml / 3 colheres de sopa de óleo de amendoim

Combine frango, gordura de presunto, 150 ml/¼ pt/1/2 xícara generosa de caldo de galinha, clara de ovo, 5 ml/1 colher de chá de sal e água. Misture os espinafres com o caldo restante, uma pitada de sal e o fubá misturado com um pouco de água. Aqueça metade do óleo, adicione a mistura de espinafre à panela e mexa constantemente em fogo baixo até aquecer. Transfira para uma travessa quente e mantenha aquecido. Aqueça o óleo restante e frite colheradas da mistura de frango até ficar firme e branco. Adicione o espinafre e sirva imediatamente.

rolinhos primavera de frango

Serve 4 porções

15 ml / 1 colher de sopa de óleo de amendoim

pitada de sal

1 dente de alho, esmagado

225 g / 8 onças de frango, cortado em tiras

100g / 4oz cogumelos, fatiados

175 g / 6 onças de repolho picado

100 g / 4 onças de brotos de bambu picados

50 g / 2 onças de castanhas de água, desfiadas

100 g / 4 oz brotos de feijão

5 ml/1 colher de chá de açúcar

5 ml/1 colher de chá de vinho de arroz ou xerez seco

5 ml/1 colher de chá de molho de soja

8 cascas de rolinho primavera

óleo para fritar

Aqueça o azeite, o sal e o alho e frite delicadamente até o alho começar a dourar. Adicione o frango e os cogumelos e refogue por alguns minutos até o frango ficar branco. Adicione o repolho, broto de bambu, castanha d'água e broto de feijão e frite por 3 minutos. Adicione o açúcar, vinho ou xerez e molho de soja, mexa bem, tampe e cozinhe por 2 minutos. Passe para um escorredor e deixe escorrer.

Coloque algumas colheradas da mistura de recheio no centro de cada casca de rolinho primavera, dobre no fundo, dobre nas laterais e enrole, envolvendo o recheio. Feche a borda com um pouco da mistura de farinha e água e deixe secar por 30 minutos. Aqueça o óleo e frite os rolinhos primavera por cerca de 10 minutos, até ficarem crocantes e dourados. Escorra bem antes de servir.

Porco assado picante

Serve 4 porções

450g/1lb de carne de porco, em cubos

sal e pimenta

30 ml / 2 colheres de sopa de molho de soja

30ml/2 colheres de sopa de molho hoisin

45 ml / 3 colheres de sopa de óleo de amendoim

120 ml / 4 fl oz / ½ xícara de vinho de arroz ou xerez seco

300 ml / ½ pt / 1 ¼ xícaras de caldo de galinha

5 ml/1 colher de chá de cinco especiarias em pó

6 cebolinhas (cebolinhas), picadas

225 g / 8 onças de cogumelos ostra, fatiados

15 ml / 1 colher de sopa de farinha de milho (amido de milho)

Tempere a carne com sal e pimenta. Coloque em um prato e misture o molho de soja e o molho hoisin, cubra e deixe marinar por 1 hora. Aqueça o óleo e frite a carne até dourar. Adicione vinho ou xerez, caldo e pó de 5 especiarias, deixe ferver, tampe e cozinhe por 1 hora. Adicione as chalotas e os cogumelos, retire a tampa e cozinhe por mais 4 minutos. Misture o fubá com um pouco de água, volte ao fogo e cozinhe, mexendo, por 3 minutos, até o molho engrossar.

pãezinhos de porco cozidos no vapor

Há 12 anos

30ml/2 colheres de sopa de molho hoisin

15 ml / 1 colher de sopa de molho de ostra

15 ml / 1 colher de sopa de molho de soja

2,5 ml/½ colher de chá de óleo de gergelim

30 ml / 2 colheres de sopa de óleo de amendoim

10 ml / 2 colheres de chá de raiz de gengibre ralada

1 dente de alho, esmagado

300 ml / ½ pt / 1¼ xícaras de água

15 ml / 1 colher de sopa de farinha de milho (amido de milho)

225 g / 8 onças de carne de porco cozida, finamente picada

4 cebolinhas (cebolinhas), bem picadas

350 g / 12 onças / 3 xícaras de farinha comum (para todos os fins)

15 ml / 1 colher de sopa de fermento em pó

2,5 ml/½ colher de chá de sal

50 g/2 onças/½ xícara de banha

5 ml/1 colher de chá de vinagre de vinho

12 x 13 cm / 5 em quadrados de papel manteiga

Acrescente o hoisin, a ostra e o molho de soja e o óleo de gergelim, aqueça o óleo e frite o gengibre e o alho até dourar levemente. Adicione a mistura de molho e cozinhe por 2 minutos. Misture 120ml/4 fl oz/½ xícara de água com farinha de milho e mexa na panela. Deixe ferver, mexendo, e cozinhe até a mistura engrossar. Adicione a carne de porco e a cebola e deixe esfriar.

Misture a farinha, o fermento e o sal. Esfregue a banha até que a mistura se assemelhe a migalhas finas. Misture o vinagre de vinho e a água restante, em seguida, misture na farinha para formar uma massa firme. Sove levemente sobre uma superfície enfarinhada, tampe e deixe descansar por 20 minutos.

Sove a massa novamente, divida em 12 e forme uma bola com cada uma. Estenda a 15cm/6 em círculos em uma superfície enfarinhada. Coloque colheradas do recheio no centro de cada círculo, pincele as bordas com água e aperte as bordas para selar o recheio. Pincele um lado de cada quadrado de papel manteiga com óleo. Coloque cada pão em um quadrado de papel, com a costura voltada para baixo. Coloque os pães em uma única camada em uma grade de vapor sobre água fervente. Cubra os pãezinhos e cozinhe-os no vapor por cerca de 20 minutos até que estejam cozidos.

carne de porco com repolho

Serve 4 porções

6 cogumelos chineses secos

30 ml / 2 colheres de sopa de óleo de amendoim

450g/1lb de carne de porco, cortada em tiras

2 cebolas, fatiadas

2 pimentões vermelhos, cortados em tiras

350 g / 12 onças de repolho branco picado

2 dentes de alho, picados

2 pedaços de talo de gengibre picado

30 ml/2 colheres de sopa de mel

45 ml / 3 colheres de sopa de molho de soja

120 ml / 4 fl oz / ½ xícara de vinho branco seco

sal e pimenta

10 ml / 2 colheres de chá de farinha de milho (amido de milho)

15 ml / 1 colher de sopa de água

Mergulhe os cogumelos em água quente por 30 minutos e escorra. Descarte os talos e corte as pontas. Aqueça o óleo e frite a carne de porco até dourar levemente. Adicione os legumes, o alho e o gengibre e refogue por 1 minuto. Adicione o mel, o molho de soja e o vinho, deixe ferver, tampe e cozinhe por 40 minutos até que a carne esteja cozida. Tempere a gosto com sal e pimenta. Misture o fubá com a água e mexa na panela. Deixe ferver, mexendo sempre, e cozinhe por 1 minuto.

Carne de porco com repolho e tomate

Serve 4 porções

30 ml / 2 colheres de sopa de óleo de amendoim

450g/1lb de carne de porco magra, fatiada

sal e pimenta moída na hora

1 dente de alho, esmagado

1 cebola, finamente picada

½ repolho picado

450g/1lb tomates, descascados e cortados em quartos

250 ml / 8 fl oz / 1 xícara de caldo

30 ml / 2 colheres de sopa de farinha de milho (amido de milho)

15 ml / 1 colher de sopa de molho de soja

60 ml / 4 colheres de sopa de água

Aqueça o óleo e frite a carne de porco, sal, pimenta, alho e cebola até dourar levemente. Adicione o repolho, o tomate e o caldo, deixe ferver, tampe e cozinhe por 10 minutos até o repolho ficar macio. Bata o fubá, o molho de soja e a água até formar uma pasta, coloque na panela e cozinhe, mexendo, até o molho ficar claro e engrossar.

Carne de porco marinada com couve

Serve 4 porções

350 g / 12 oz barriga de porco
2 cebolinhas (cebolinhas), picadas
1 fatia de raiz de gengibre picada
1 pau de canela
3 cravos anis estrelado
45ml / 3 colheres de sopa de açúcar mascavo
600 ml / 1 pt / 2½ xícaras de água
15 ml / 1 colher de sopa de óleo de amendoim
15 ml / 1 colher de sopa de molho de soja
5 ml/1 colher de chá de purê de tomate (pasta)
5ml/1 colher de chá de molho de ostra
100 g / 4 oz corações de repolho chinês
100g / 4oz pak choi

Corte a carne de porco em pedaços de 10cm/4cm e coloque em uma tigela. Adicione a cebolinha, o gengibre, a canela, o anis estrelado, o açúcar e a água e deixe por 40 minutos. Aqueça o azeite, retire a carne de porco da marinada e coloque-a na frigideira. Frite até dourar levemente e acrescente o molho de soja, o extrato de tomate e o molho de ostra. Deixe ferver e cozinhe por aproximadamente 30 minutos até que a carne de porco esteja macia e o líquido reduzido, adicionando um pouco mais de água conforme necessário durante o cozimento.

Enquanto isso, cozinhe os corações de repolho e o pak choi em água fervente por cerca de 10 minutos até ficarem macios. Arrume-os em um prato quente, cubra com carne de porco e regue com o molho.

carne de porco com aipo

Serve 4 porções

45 ml / 3 colheres de sopa de óleo de amendoim

1 dente de alho, esmagado

1 chalota (cebolinha), picada

1 fatia de raiz de gengibre picada

225 g / 8 onças de carne de porco magra, cortada em tiras

100 g de aipo em fatias finas

45 ml / 3 colheres de sopa de molho de soja

15 ml / 1 colher de sopa de vinho de arroz ou xerez seco

5 ml / 1 colher de fubá (amido de milho)

Aqueça o azeite e frite o alho, a cebolinha e o gengibre até dourar levemente. Adicione a carne de porco e cozinhe por 10 minutos até dourar. Adicione o aipo e refogue por 3 minutos. Adicione os outros ingredientes e refogue por 3 minutos.

Carne de porco com castanhas e cogumelos

Serve 4 porções

4 cogumelos chineses secos

100 g / 4 onças / 1 xícara de castanhas

30 ml / 2 colheres de sopa de óleo de amendoim

2,5 ml/½ colher de chá de sal

450g/1lb de carne de porco magra, em cubos

15 ml / 1 colher de sopa de molho de soja

375 ml / 13 fl oz / 1½ dl caldo de galinha

100 g / 4 oz castanhas d'água, fatiadas

Mergulhe os cogumelos em água quente por 30 minutos e escorra. Descarte os talos e corte a parte superior ao meio. Escalde as castanhas em água fervente por 1 minuto e escorra. Aqueça o óleo e o sal e frite a carne de porco até dourar levemente. Adicione o molho de soja e refogue por 1 minuto. Adicione o caldo e deixe ferver. Adicione as castanhas e as castanhas d'água, deixe ferver novamente, tampe e cozinhe por aprox. 1 1/2 horas, até que a carne esteja macia.

a costeleta de porco

Serve 4 porções

100 g / 4 onças de brotos de bambu, cortados em tiras

100 g / 4 onças de castanhas de água, em fatias finas

60 ml / 4 colheres de sopa de óleo de amendoim

3 cebolinhas (cebolinhas), picadas

2 dentes de alho, esmagados

1 fatia de raiz de gengibre picada

225 g / 8 onças de carne de porco magra, cortada em tiras

45 ml / 3 colheres de sopa de molho de soja

15 ml / 1 colher de sopa de vinho de arroz ou xerez seco

5 ml/1 colher de chá de sal

5 ml/1 colher de chá de açúcar

pimenta moída na hora

15 ml / 1 colher de sopa de farinha de milho (amido de milho)

Escalde os brotos de bambu e as castanhas d'água em água fervente por 2 minutos, depois escorra e seque. Aqueça 45 ml / 3 colheres de sopa de óleo e frite as chalotas, o alho e o gengibre até dourar levemente. Adicione a carne de porco e refogue por 4 minutos. Retire da panela.

Aqueça o óleo restante e frite os legumes por 3 minutos. Adicione a carne de porco, molho de soja, vinho ou xerez, sal, açúcar e uma pitada de pimenta e refogue por 4 minutos. Misture o fubá com um pouco de água, mexa na panela e cozinhe, mexendo, até o molho ficar claro e engrossar.

yakissoba de porco

Serve 4 porções

4 cogumelos chineses secos
30 ml / 2 colheres de sopa de óleo de amendoim
2,5 ml/½ colher de chá de sal
4 cebolinhas (cebolinhas), picadas
225 g / 8 onças de carne de porco magra, cortada em tiras
15 ml / 1 colher de sopa de molho de soja
5 ml/1 colher de chá de açúcar
3 talos de aipo picados
1 cebola, em cubos
100g / 4oz cogumelos, cortados ao meio
120 ml / 4 fl oz / ½ xícara de caldo de galinha
macarrão frito macio

Mergulhe os cogumelos em água quente por 30 minutos e escorra. Descarte os talos e corte as pontas. Aqueça o óleo e o sal e frite as cebolas até ficarem macias. Adicione a carne de porco e cozinhe até dourar levemente. Junte o molho de soja, o açúcar, o aipo, a cebola e os cogumelos frescos e secos e refogue por cerca de 4 minutos até que os ingredientes estejam bem misturados. Adicione o caldo e cozinhe por 3 minutos. Adicione metade do macarrão à panela e mexa delicadamente, depois adicione o macarrão restante e mexa até aquecer.

carne de porco assada

Serve 4 porções

100 g / 4 oz brotos de feijão
45 ml / 3 colheres de sopa de óleo de amendoim
100 g / 4 onças de repolho chinês picado
225 g / 8 onças de porco assado, fatiado
5 ml/1 colher de chá de sal
15 ml / 1 colher de sopa de vinho de arroz ou xerez seco

Escalde os brotos de feijão em água fervente por 4 minutos e escorra. Aqueça o óleo e frite o broto de feijão e o repolho até ficarem macios. Adicione a carne de porco, sal e xerez e cozinhe até aquecer. Adicione metade da massa escorrida à panela e mexa delicadamente até aquecer. Adicione o macarrão restante e mexa até aquecer.

carne de porco com chutney

Serve 4 porções

5 ml/1 colher de chá de cinco especiarias em pó

5ml/1 colher de chá de caril em pó

450g/1lb de carne de porco, cortada em tiras

30 ml / 2 colheres de sopa de óleo de amendoim

6 cebolinhas (cebolinhas), cortadas em tiras

1 folha de aipo, cortada em tiras

100 g / 4 oz brotos de feijão

1 x pote de picles doces chineses de 200g/7oz, em cubos

45ml/3 colheres de sopa de chutney de manga

30 ml / 2 colheres de sopa de molho de soja

30 ml / 2 colheres de sopa de purê de tomate (pasta)

150 ml/¼ pt/ ½ xícara generosa de caldo de galinha

10 ml / 2 colheres de chá de farinha de milho (amido de milho)

Esfregue bem os temperos na carne de porco. Aqueça o óleo e frite a carne por 8 minutos ou até que esteja bem cozida. Retire da panela. Adicione os legumes à panela e refogue por 5 minutos. Retorne a carne de porco à panela com todos os ingredientes restantes, exceto o fubá. Mexa até aquecer. Misture o fubá com um pouco de água, mexa na panela e cozinhe, mexendo, até o molho engrossar.

carne de porco com pepino

Serve 4 porções

225 g / 8 onças de carne de porco magra, cortada em tiras
30 ml / 2 colheres de sopa de farinha de trigo (para todos os fins)
sal e pimenta moída na hora
60 ml / 4 colheres de sopa de óleo de amendoim
225 g / 8 onças de pepino, descascado e fatiado
30 ml / 2 colheres de sopa de molho de soja

Passe a carne de porco na farinha e tempere com sal e pimenta. Aqueça o óleo e frite a carne de porco por cerca de 5 minutos, até que esteja bem cozida. Adicione o pepino e o molho de soja e refogue por mais 4 minutos. Verifique e ajuste os temperos e sirva com arroz frito.

Embalagens Crocantes de Porco

Serve 4 porções

4 cogumelos chineses secos

30 ml / 2 colheres de sopa de óleo de amendoim

225 g / 8 onças de lombo de porco, picado (moído)

50 g / 2 onças de camarão descascado, picado

15 ml / 1 colher de sopa de molho de soja

15 ml / 1 colher de sopa de farinha de milho (amido de milho)

30 ml / 2 colheres de sopa de água

8 pacotes de rolinhos primavera

100 g / 4 onças / 1 xícara de fubá (amido de milho)

óleo para fritar

Mergulhe os cogumelos em água quente por 30 minutos e escorra. Descarte os talos e pique finamente as tampas. Aqueça o azeite e frite os cogumelos, a carne de porco, os camarões e o molho de soja durante 2 minutos. Misture o fubá com a água até formar uma pasta e mexa a mistura para fazer o recheio.

Corte os wraps em tiras, coloque um pouco de recheio na ponta de cada um e enrole em triângulos, feche com um pouco da mistura de farinha e água. Polvilhe generosamente com fubá. Aqueça o óleo e frite os triângulos até ficarem crocantes e dourados. Escorra bem antes de servir.

rolinhos de porco com ovo

Serve 4 porções

225g/8 onças de carne de porco magra, desfiada
1 fatia de raiz de gengibre picada
1 cebolinha picada
15 ml / 1 colher de sopa de molho de soja
15 ml / 1 colher de sopa de água
12 cascas de rolinho de ovo
1 ovo, batido
óleo para fritar

Misture a carne de porco, gengibre, cebola, molho de soja e água. Coloque um pouco de recheio no centro de cada pele e pincele as bordas com ovo batido. Dobre as laterais e role o rolinho para longe de você, selando as bordas com o ovo. Vapor em uma grelha em uma panela a vapor por 30 minutos até que a carne de porco esteja cozida. Aqueça o óleo e frite por alguns minutos até ficar crocante e dourado.

Rolinhos de ovo com carne de porco e camarões

Serve 4 porções

30 ml / 2 colheres de sopa de óleo de amendoim

225g/8 onças de carne de porco magra, desfiada

6 cebolinhas (cebolinhas), picadas

225 g / 8 oz brotos de feijão

100 g / 4 onças de camarão descascado, picado

15 ml / 1 colher de sopa de molho de soja

2,5 ml/½ colher de chá de sal

12 cascas de rolinho de ovo

1 ovo, batido

óleo para fritar

Aqueça o óleo e frite a carne de porco e as cebolinhas até dourar levemente. Enquanto isso, escalde os brotos de feijão em água fervente por 2 minutos e escorra. Adicione os brotos de feijão à panela e frite por 1 minuto. Adicione os camarões, o molho de soja e o sal e refogue por 2 minutos. Deixe esfriar.

Coloque um pouco de recheio no centro de cada pele e pincele as bordas com ovo batido. Dobre as laterais e enrole os rolinhos, selando as bordas com ovo. Aqueça o óleo e frite os rolinhos até ficarem crocantes e dourados.

Carne de porco estufada com ovo

Serve 4 porções
450g/1lb de carne de porco magra
30 ml / 2 colheres de sopa de óleo de amendoim
1 cebola picada
90 ml / 6 colheres de sopa de molho de soja
45 ml / 3 colheres de sopa de vinho de arroz ou xerez seco
15 ml / 1 colher de sopa de açúcar mascavo
3 ovos cozidos (cozidos)

Ferva uma panela com água, acrescente a carne de porco, leve ao fogo e cozinhe até fechar. Retire da panela, escorra bem e corte em cubos. Aqueça o óleo e frite a cebola até murchar. Adicione a carne de porco e cozinhe até dourar levemente. Adicione o molho de soja, vinho ou xerez e o açúcar, tampe e cozinhe por 30 minutos, mexendo de vez em quando. Corte pequenos cortes na parte externa dos ovos e adicione-os à panela, tampe e cozinhe por mais 30 minutos.

porco de fogo

Serve 4 porções

450g/1lb de lombo de porco, cortado em tiras
30 ml / 2 colheres de sopa de molho de soja
30ml/2 colheres de sopa de molho hoisin
5 ml/1 colher de chá de cinco especiarias em pó
15 ml / 1 colher de sopa de pimenta
15 ml / 1 colher de sopa de açúcar mascavo
15 ml / 1 colher de sopa de óleo de gergelim
30 ml / 2 colheres de sopa de óleo de amendoim
6 cebolinhas (cebolinhas), picadas
1 pimentão verde, cortado em pedaços
200 g / 7 oz brotos de feijão
2 rodelas de abacaxi em cubos
45 ml/3 colheres de sopa de catchup de tomate (catsup)
150 ml/¼ pt/ ½ xícara generosa de caldo de galinha

Coloque a carne em uma tigela. Misture o molho de soja, o molho hoisin, o molho cinco especiarias, a pimenta e o açúcar, despeje sobre a carne e deixe marinar por 1 hora. Aqueça os óleos e frite a carne até dourar. Retire da panela. Adicione os legumes e frite por 2 minutos. Adicione o abacaxi, o ketchup de tomate e o caldo e deixe ferver. Retorne a carne para a panela e aqueça antes de servir.

Filé de porco frito

Serve 4 porções

350 g / 12 onças de lombo de porco, em cubos
15 ml / 1 colher de sopa de vinho de arroz ou xerez seco
15 ml / 1 colher de sopa de molho de soja
5 ml/1 colher de chá de óleo de gergelim
30 ml / 2 colheres de sopa de farinha de milho (amido de milho)
óleo para fritar

Misture a carne de porco, vinho ou xerez, molho de soja, óleo de gergelim e farinha de milho para que a carne de porco fique coberta por uma massa grossa. Aqueça o óleo e frite a carne de porco por cerca de 3 minutos até ficar crocante. Retire a carne de porco da panela, aqueça o óleo novamente e frite novamente por cerca de 3 minutos.

Carne de Porco Cinco Especiarias

Serve 4 porções

225 g / 8 onças de carne de porco magra
5 ml / 1 colher de fubá (amido de milho)
2,5 ml/½ colher de chá de cinco especiarias em pó
2,5 ml/½ colher de chá de sal
15 ml / 1 colher de sopa de vinho de arroz ou xerez seco
20 ml / 2 colheres de sopa de óleo de amendoim
120 ml / 4 fl oz / ½ xícara de caldo de galinha

Corte a carne de porco em fatias finas contra o grão. Misture a carne de porco com farinha de milho, pó de cinco especiarias, sal e vinho ou xerez e mexa bem para cobrir a carne de porco. Deixe descansar por 30 minutos, mexendo de vez em quando. Aqueça o óleo, adicione a carne de porco e frite por cerca de 3 minutos. Adicione o caldo, deixe ferver, tampe e cozinhe por 3 minutos. Sirva imediatamente.

Porco assado perfumado

Serve 6-8

1 pedaço de casca de tangerina

45 ml / 3 colheres de sopa de óleo de amendoim

900 g / 2 lb carne de porco magra, em cubos

250 ml / 8 fl oz / 1 xícara de vinho de arroz ou xerez seco

120 ml / 4 fl oz / ½ xícara de molho de soja

2,5 ml/½ colher de chá de anis em pó

½ pau de canela

4 cravos

5 ml/1 colher de chá de sal

250 ml / 8 fl oz / 1 xícara de água

2 cebolinhas (cebolinhas), fatiadas

1 fatia de raiz de gengibre picada

Mergulhe a casca da tangerina em água enquanto prepara o prato. Aqueça o óleo e frite a carne de porco até dourar levemente. Adicione vinho ou xerez, molho de soja, anis em pó, canela, cravo, sal e água. Deixe ferver, acrescente a casca de tangerina, a cebolinha e o gengibre. Cubra e cozinhe por cerca de 1 hora e meia até ficar macio, mexendo ocasionalmente e adicionando um pouco mais de água fervente, se necessário. Retire os temperos antes de servir.

Carne de porco com alho picado

Serve 4 porções

450g/1lb barriga de porco, pele
3 fatias de raiz de gengibre
2 cebolinhas (cebolinhas), picadas
30 ml/2 colheres de sopa de alho picado
30 ml / 2 colheres de sopa de molho de soja
5 ml/1 colher de chá de sal
15 ml / 1 colher de sopa de caldo de galinha
2,5 ml/½ colher de chá de óleo de pimenta
4 ramos de coentro

Coloque a carne de porco em uma panela com o gengibre e a cebolinha, cubra com água, leve ao fogo e cozinhe por 30 minutos até ficar cozido. Retire e escorra bem, depois corte em fatias finas aprox. 5 cm/2 quadrados. Disponha as fatias em uma peneira de metal. Leve uma panela com água para ferver, adicione as fatias de carne de porco e cozinhe por 3 minutos até aquecer. Disponha em uma travessa aquecida. Misture o alho, molho de soja, sal, caldo e óleo de pimenta e despeje sobre a carne de porco. Sirva decorado com coentro.

Porco assado com gengibre

Serve 4 porções

225 g / 8 onças de carne de porco magra
5 ml / 1 colher de fubá (amido de milho)
30 ml / 2 colheres de sopa de molho de soja
30 ml / 2 colheres de sopa de óleo de amendoim
1 fatia de raiz de gengibre picada
1 chalota, fatiada
45 ml / 3 colheres de sopa de água
5 ml / 1 colher de chá de açúcar mascavo

Corte a carne de porco em fatias finas contra o grão. Junte a farinha de milho, polvilhe com molho de soja e misture novamente. Aqueça o óleo e frite a carne de porco por 2 minutos até dourar. Adicione o gengibre e a cebolinha e refogue por 1 minuto. Adicione a água e o açúcar, tampe e cozinhe por aprox. 5 minutos até ficar cozido.

Carne de porco com feijão verde

Serve 4 porções

450 g / 1 lb feijão verde, cortado em pedaços
30 ml / 2 colheres de sopa de óleo de amendoim
2,5 ml/½ colher de chá de sal
1 fatia de raiz de gengibre picada
225g/8 onças de carne de porco magra, picada (moída)
120 ml / 4 fl oz / ½ xícara de caldo de galinha
75 ml / 5 colheres de sopa de água
2 ovos
15 ml / 1 colher de sopa de farinha de milho (amido de milho)

Cozinhe o feijão por cerca de 2 minutos e escorra. Aqueça o óleo e frite o sal e o gengibre por alguns segundos. Adicione a carne de porco e cozinhe até dourar levemente. Adicione o feijão e refogue por 30 segundos, regue com o azeite. Adicione o caldo, deixe ferver, tampe e cozinhe por 2 minutos. Bata 30 ml/2 colheres de sopa de água junto com os ovos e mexa-os na panela. Misture a água restante com o fubá. Quando os ovos começarem a endurecer, junte o fubá e cozinhe até engrossar. Sirva imediatamente.

Carne de porco com presunto e tofu

Serve 4 porções

4 cogumelos chineses secos
5 ml / 1 colher de chá de óleo de amendoim
100 g / 4 oz presunto defumado, fatiado
225 g / 8 onças de tofu, fatiado
225 g / 8 onças de carne de porco magra, fatiada
15 ml / 1 colher de sopa de vinho de arroz ou xerez seco
sal e pimenta moída na hora
1 fatia de raiz de gengibre picada
1 chalota (cebolinha), picada
10 ml / 2 colheres de chá de farinha de milho (amido de milho)
30 ml / 2 colheres de sopa de água

Mergulhe os cogumelos em água quente por 30 minutos e escorra. Descarte os talos e corte a parte superior ao meio.

Esfregue uma tigela resistente ao calor com óleo de amendoim. Disponha os cogumelos, o presunto, o tofu e a carne de porco em camadas no prato com a carne de porco por cima. Polvilhe com vinho ou xerez, sal e pimenta, gengibre e cebolinha. Cubra e cozinhe em um rack sobre água fervente por cerca de 45 minutos até ficar cozido. Escorra o molho da tigela sem tocar nos ingredientes. Adicione água suficiente para fazer 250 ml / 8 fl oz / 1 xícara. Misture o fubá com a água e misture ao molho. Coloque em uma tigela e cozinhe, mexendo, até o molho ficar claro e espesso. Vire a mistura de carne de porco em um prato aquecido, despeje o molho e sirva.

quibe de porco frito

Serve 4 porções

450g/1lb de lombo de porco, em fatias finas
100g/4oz presunto cozido, em fatias finas
6 castanhas d'água, em fatias finas
30 ml / 2 colheres de sopa de molho de soja
30ml/2 colheres de sopa de vinagre de vinho
15 ml / 1 colher de sopa de açúcar mascavo
15 ml / 1 colher de sopa de molho de ostra
algumas gotas de óleo de pimenta
45 ml / 3 colheres de sopa de farinha de milho (amido de milho)
30 ml / 2 colheres de sopa de vinho de arroz ou xerez seco
2 ovos, batidos
óleo para fritar

Espete a carne de porco, o presunto e as castanhas de água alternadamente em pequenos espetos. Misture o molho de soja, vinagre de vinho, açúcar, molho de ostra e óleo de pimenta. Despeje sobre os kebabs, cubra e deixe marinar na geladeira por 3 horas. Bata o fubá, o vinho ou xerez e o ovo até ficar homogêneo e espesso. Enrole os kebabs na massa para cobri-los. Aqueça o óleo e frite os kebabs até dourar.

Pernil de porco frito em molho vermelho

Serve 4 porções
1 pernil de porco grande
1 l / 1½ pts / 4¼ xícaras de água fervente
5 ml/1 colher de chá de sal
120 ml / 4 fl oz / ½ xícara de vinagre de vinho
120 ml / 4 fl oz / ½ xícara de molho de soja
45 ml / 3 colheres de sopa de mel
5 ml / 1 colher de chá de bagas de zimbro
5 ml/1 colher de chá de anis
5 ml/1 colher de chá de coentro
60 ml / 4 colheres de sopa de óleo de amendoim
6 cebolinhas (cebolinhas), fatiadas
2 cenouras, em fatias finas

1 folha de aipo, fatiada
45ml/3 colheres de sopa de molho hoisin
30 ml/2 colheres de sopa de chutney de manga
75 ml/5 colheres de sopa de purê de tomate (pasta)
1 dente de alho, esmagado
60 ml / 4 colheres de sopa de cebolinha picada

Ferva o pernil de porco com água, sal, vinagre de vinho, 45 ml/3 colheres de sopa de molho de soja, mel e especiarias. Adicione os legumes, deixe ferver, tampe e cozinhe por aproximadamente 1 hora e meia até que a carne esteja macia. Retire a carne e os legumes da panela, corte a carne do osso e pique. Aqueça o óleo e frite a carne até dourar. Adicione os legumes e refogue por 5 minutos. Adicione o molho de soja restante, molho hoisin, chutney, extrato de tomate e alho. Deixe ferver, mexendo, e cozinhe por 3 minutos. Sirva polvilhado com cebolinho.

carne de porco marinada

Serve 4 porções

450g/1lb de carne de porco magra
1 fatia de raiz de gengibre picada
1 dente de alho, esmagado
90 ml / 6 colheres de sopa de molho de soja
15 ml / 1 colher de sopa de vinho de arroz ou xerez seco
45 ml / 3 colheres de sopa de óleo de amendoim
1 chalota, fatiada
15 ml / 1 colher de sopa de açúcar mascavo
pimenta moída na hora

Misture a carne de porco com gengibre, alho, 30ml/2 colheres de sopa de molho de soja e vinho ou xerez. Deixe descansar por 30 minutos, mexendo de vez em quando, depois retire a carne da marinada. Aqueça o óleo e frite a carne de porco até dourar levemente. Adicione a cebolinha, o açúcar, o molho de soja restante e uma pitada de pimenta, tampe e cozinhe por aprox. 45 minutos, até que a carne de porco esteja cozida. Corte a carne de porco em cubos e sirva.

Costeletas de porco marinadas

Serve 6 porções

6 costeletas de porco
1 fatia de raiz de gengibre picada
1 dente de alho, esmagado
90 ml / 6 colheres de sopa de molho de soja
30 ml / 2 colheres de sopa de vinho de arroz ou xerez seco
45 ml / 3 colheres de sopa de óleo de amendoim
2 cebolinhas (cebolinhas), picadas
15 ml / 1 colher de sopa de açúcar mascavo
pimenta moída na hora

Corte as costeletas de porco do osso e pique a carne. Combine o gengibre, alho, 30ml/2 colheres de sopa de molho de soja e vinho ou xerez, despeje sobre a carne de porco e deixe marinar por 30 minutos, mexendo ocasionalmente. Retire a carne da marinada. Aqueça o óleo e frite a carne de porco até dourar levemente. Adicione a cebolinha e refogue por 1 minuto. Misture o molho de soja restante com o açúcar e uma pitada de pimenta. Misture com o molho, deixe ferver, tampe e cozinhe por cerca de 30 minutos até que a carne de porco esteja macia.

carne de porco com cogumelos

Serve 4 porções

25g / 1oz de cogumelos chineses secos
30 ml / 2 colheres de sopa de óleo de amendoim
1 dente de alho, picado
225 g / 8 onças de carne de porco magra, fatiada
4 cebolinhas (cebolinhas), picadas
15 ml / 1 colher de sopa de molho de soja
15 ml / 1 colher de sopa de vinho de arroz ou xerez seco
5 ml/1 colher de chá de óleo de gergelim

Mergulhe os cogumelos em água quente por 30 minutos e escorra. Descarte os talos e corte as pontas. Aqueça o óleo e frite o alho até dourar levemente. Adicione a carne de porco e frite até dourar. Adicione a cebolinha, cogumelos, molho de soja e vinho ou xerez e refogue por 3 minutos. Misture o óleo de gergelim e sirva imediatamente.

almôndega cozida no vapor

Serve 4 porções

450g/1lb carne de porco picada (moída)
4 castanhas d'água picadas finamente
225 g / 8 oz cogumelos, finamente picados
5 ml/1 colher de chá de molho de soja
sal e pimenta moída na hora
1 ovo, levemente batido

Misture bem todos os ingredientes e modele a mistura em uma torta plana em um refratário. Coloque o prato em uma gradinha em uma panela a vapor, tampe e cozinhe por 1 hora e meia.

Carne de porco vermelha com cogumelos

Serve 4 porções

450g/1lb de carne de porco magra, em cubos
250 ml / 8 fl oz / 1 xícara de água
15 ml / 1 colher de sopa de molho de soja
15 ml / 1 colher de sopa de vinho de arroz ou xerez seco
5 ml/1 colher de chá de açúcar
5 ml/1 colher de chá de sal
225 g de champignon

Coloque a carne de porco e a água em uma panela e leve a água para ferver. Tampe e cozinhe por 30 minutos e depois escorra, reservando o caldo. Retorne a carne de porco para a panela e adicione o molho de soja. Cozinhe em fogo baixo, mexendo, até que o molho de soja seja absorvido. Junte o vinho ou o xerez, o açúcar e o sal, deite o caldo reservado, deixe levantar fervura, tape e deixe cozinhar cerca de 30 minutos, virando a carne de vez em quando. Adicione os cogumelos e cozinhe por mais 20 minutos.

panqueca de porco com macarrão

Serve 4 porções

30 ml / 2 colheres de sopa de óleo de amendoim
5 ml / 2 colheres de chá de sal
225 g / 8 onças de carne de porco magra, cortada em tiras
225 g / 8 onças de repolho chinês picado
100 g / 4 onças de brotos de bambu picados
100g / 4oz cogumelos, em fatias finas
150 ml/¼ pt/ ½ xícara generosa de caldo de galinha
10 ml / 2 colheres de chá de farinha de milho (amido de milho)
15 ml / 1 colher de sopa de vinho de arroz ou xerez seco
15 ml / 1 colher de sopa de água
panqueca de macarrão

Aqueça o óleo e frite o sal e a carne de porco até dourar levemente. Adicione o repolho, brotos de bambu e cogumelos e frite por 1 minuto. Adicione o caldo, deixe ferver, tampe e cozinhe por 4 minutos até que a carne de porco esteja cozida. Bata a farinha de milho em uma pasta com o vinho ou xerez e água, mexa na panela e cozinhe, mexendo, até o molho ficar claro e engrossar. Despeje a panqueca de macarrão para servir.

Carne de porco e camarão com panqueca de macarrão

Serve 4 porções

30 ml / 2 colheres de sopa de óleo de amendoim

5 ml/1 colher de chá de sal

4 cebolinhas (cebolinhas), picadas

1 dente de alho, esmagado

225 g / 8 onças de carne de porco magra, cortada em tiras

100g / 4oz cogumelos, fatiados

4 talos de aipo, fatiados

225 g de camarão descascado

30 ml / 2 colheres de sopa de molho de soja

10 ml / 1 colher de chá de farinha de milho (amido de milho)

45 ml / 3 colheres de sopa de água

panqueca de macarrão

Aqueça o azeite e o sal e frite a cebola e o alho até dourar. Adicione a carne de porco e cozinhe até dourar levemente. Adicione os cogumelos e o aipo e refogue por 2 minutos. Adicione os camarões, polvilhe com molho de soja e mexa até aquecer. Bata o fubá e a água até formar uma pasta, coloque na panela e cozinhe, mexendo, até ficar bem quente. Despeje a panqueca de macarrão para servir.

Carne de porco com molho de ostra

Serve 4-6

450g/1lb de carne de porco magra
15 ml / 1 colher de sopa de farinha de milho (amido de milho)
10 ml / 2 colheres de chá de vinho de arroz ou xerez seco
pitada de açúcar
45 ml / 3 colheres de sopa de óleo de amendoim
10 ml / 2 colheres de chá de água
30 ml / 2 colheres de sopa de molho de ostra
pimenta moída na hora
1 fatia de raiz de gengibre picada
60 ml / 4 colheres de sopa de caldo de galinha

Corte a carne de porco em fatias finas contra o grão. Misture 5 ml/1 colher de fubá com o vinho ou xerez, o açúcar e 5 ml/1 colher de chá de óleo, acrescente a carne de porco e mexa bem.

Misture o fubá restante com a água, o molho de ostras e uma pitada de pimenta. Aqueça o óleo restante e frite o gengibre por 1 minuto. Adicione a carne de porco e cozinhe até dourar levemente. Adicione o caldo e a água e a mistura de molho de ostra, deixe ferver, tampe e cozinhe por 3 minutos.

carne de porco com amendoim

Serve 4 porções

450g/1lb de carne de porco magra, em cubos
15 ml / 1 colher de sopa de farinha de milho (amido de milho)
5 ml/1 colher de chá de sal
1 clara de ovo
3 cebolinhas (cebolinhas), picadas
1 dente de alho, picado
1 fatia de raiz de gengibre picada
45 ml / 3 colheres de sopa de caldo de galinha
15 ml / 1 colher de sopa de vinho de arroz ou xerez seco
15 ml / 1 colher de sopa de molho de soja
10 ml / 2 colheres de chá de melaço preto
45 ml / 3 colheres de sopa de óleo de amendoim
½ pepino em cubos
25 g / 1 oz / ¼ xícara de amendoim sem casca
5ml/1 colher de chá de óleo de pimenta

Misture a carne de porco com metade do fubá, sal e clara de ovo e mexa bem para cobrir a carne de porco. Misture o fubá restante com a cebolinha, alho, gengibre, caldo, vinho ou xerez, molho de soja e melaço. Aqueça o óleo e frite a carne de porco até dourar levemente, depois retire da panela. Coloque o pepino na panela e frite por alguns minutos. Retorne a carne de porco para a panela e mexa levemente. Adicione a mistura de especiarias, deixe ferver e cozinhe, mexendo, até o molho ficar claro e engrossar. Misture o amendoim e o óleo de pimenta e aqueça antes de servir.

carne de porco com pimenta

Serve 4 porções

45 ml / 3 colheres de sopa de óleo de amendoim

225g/8 onças de carne de porco magra, em cubos

1 cebola, em cubos

2 pimentões verdes, picados

½ cabeça de folhas chinesas cortadas em cubos

1 fatia de raiz de gengibre picada

15 ml / 1 colher de sopa de molho de soja

15 ml / 1 colher de sopa de açúcar

2,5 ml/½ colher de chá de sal

Aqueça o óleo e frite a carne de porco por cerca de 4 minutos até dourar. Adicione a cebola e refogue por cerca de 1 minuto. Adicione os pimentões e refogue por 1 minuto. Adicione as folhas chinesas e frite por 1 minuto. Misture os demais ingredientes, misture na panela e frite por mais 2 minutos.

Carne de porco picante com picles

Serve 4 porções

900 g / 2 lb costeletas de porco

30 ml / 2 colheres de sopa de farinha de milho (amido de milho)

45 ml / 3 colheres de sopa de molho de soja

30 ml / 2 colheres de sopa de xerez doce

5 ml/1 colher de chá de raiz de gengibre ralada

2,5 ml/½ colher de chá de cinco especiarias em pó

pitada de pimenta moída na hora

óleo para fritar

60 ml / 4 colheres de sopa de caldo de galinha

Legumes chineses em conserva

Apare as costeletas, descartando toda a gordura e os ossos. Misture o fubá, 30ml/2 colheres de sopa de molho de soja, xerez, gengibre, cinco especiarias em pó e pimenta. Despeje sobre a carne de porco e mexa para cobrir completamente. Cubra e deixe marinar por 2 horas, virando ocasionalmente. Aqueça o óleo e frite a carne de porco até dourar e cozinhar. Escorra em papel de cozinha. Corte a carne de porco em fatias grossas, transfira para um prato aquecido e mantenha aquecido. Coloque o caldo e o molho de soja restante em uma panela pequena. Deixe ferver e despeje sobre a carne de porco fatiada. Sirva decorado com picles mistos.

Carne de porco com molho de ameixa

Serve 4 porções

450 g / 1 lb de carne de porco assada em cubos

2 dentes de alho, esmagados

sal

60 ml/4 colheres de sopa de catchup de tomate (catsup)

30 ml / 2 colheres de sopa de molho de soja

45 ml / 3 colheres de sopa de molho de ameixa

5ml/1 colher de chá de caril em pó

5 ml/1 colher de chá de páprica

2,5 ml/½ colher de chá de pimenta moída na hora

45 ml / 3 colheres de sopa de óleo de amendoim

6 cebolinhas (cebolinhas), cortadas em tiras

4 cenouras, cortadas em tiras

Marinar a carne com alho, sal, ketchup, molho de soja, molho de ameixa, curry em pó, páprica e pimenta por 30 minutos. Aqueça o óleo e frite a carne até dourar levemente. Retire do wok.

Adicione os legumes ao óleo e frite até ficarem macios. Retorne a carne para a panela e aqueça levemente antes de servir.

carne de porco com camarões

Serve 6-8

900g / 2lb de carne de porco magra
30 ml / 2 colheres de sopa de óleo de amendoim
1 cebola, fatiada
1 chalota (cebolinha), picada
2 dentes de alho, esmagados
30 ml / 2 colheres de sopa de molho de soja
50 g / 2 onças de camarão descascado, picado
(chão)
600 ml / 1 pt / 2½ xícaras de água fervente
15 ml / 1 colher de sopa de açúcar

Ferva uma panela com água, acrescente a carne de porco, tampe e cozinhe por 10 minutos. Retire da panela e escorra bem e corte em cubos. Aqueça o óleo e frite a cebola, a cebolinha e o alho até dourar levemente. Adicione a carne de porco e cozinhe até dourar levemente. Adicione o molho de soja e os camarões e frite por 1 minuto. Adicione a água fervente e o açúcar, tampe e cozinhe por aprox. 40 minutos até a carne de porco ficar macia.

porco vermelho

Serve 4 porções

675 g / 1½ lb de carne de porco magra, em cubos
250 ml / 8 fl oz / 1 xícara de água
1 fatia de raiz de gengibre, esmagada
60 ml / 4 colheres de sopa de molho de soja
15 ml / 1 colher de sopa de vinho de arroz ou xerez seco
5 ml/1 colher de chá de sal
10 ml / 2 colheres de chá de açúcar mascavo

Coloque a carne de porco e a água em uma panela e leve a água para ferver. Adicione o gengibre, o molho de soja, o xerez e o sal, tampe e cozinhe por 45 minutos. Adicione o açúcar, vire a carne, tampe e cozinhe por mais 45 minutos até a carne ficar macia.

Carne de porco ao molho vermelho

Serve 4 porções

30 ml / 2 colheres de sopa de óleo de amendoim

225 g / 8 onças de rins de porco, cortados em tiras

450g/1lb de carne de porco, cortada em tiras

1 cebola, fatiada

4 cebolinhas (cebolinhas), cortadas em tiras

2 cenouras, cortadas em tiras

1 folha de aipo, cortada em tiras

1 pimentão vermelho, cortado em tiras

45 ml / 3 colheres de sopa de molho de soja

45ml/3 colheres de sopa de vinho branco seco

300 ml / ½ pt / 1 ¼ xícaras de caldo de galinha

30 ml / 2 colheres de sopa de molho de ameixa

30ml/2 colheres de sopa de vinagre de vinho

5 ml/1 colher de chá de cinco especiarias em pó

5 ml / 1 colher de chá de açúcar mascavo

15 ml / 1 colher de sopa de farinha de milho (amido de milho)

15 ml / 1 colher de sopa de água

Aqueça o óleo e frite os rins por 2 minutos, depois retire-os da panela. Aqueça o óleo novamente e frite a carne de porco até dourar levemente. Adicione os legumes e refogue por 3 minutos. Adicione o molho de soja, vinho, caldo, molho de ameixa, vinagre de vinho, pó de cinco especiarias e açúcar, leve para ferver, tampe e cozinhe por 30 minutos até ficar cozido. Adicione os rins. Misture o fubá com a água e mexa na panela. Deixe ferver e cozinhe, mexendo, até o molho engrossar.

Carne de porco com macarrão de arroz

Serve 4 porções

4 cogumelos chineses secos

100g/4oz macarrão de arroz

225 g / 8 onças de carne de porco magra, cortada em tiras

15 ml / 1 colher de sopa de farinha de milho (amido de milho)

15 ml / 1 colher de sopa de molho de soja

15 ml / 1 colher de sopa de vinho de arroz ou xerez seco

45 ml / 3 colheres de sopa de óleo de amendoim

2,5 ml/½ colher de chá de sal

1 fatia de raiz de gengibre picada

2 talos de aipo picados

120 ml / 4 fl oz / ½ xícara de caldo de galinha

2 cebolinhas (cebolinhas), fatiadas

Mergulhe os cogumelos em água quente por 30 minutos e escorra. Descarte os talos e corte as pontas. Mergulhe o macarrão em água morna por 30 minutos, escorra e corte em pedaços de 5cm/2cm. Coloque a carne de porco em uma tigela. Misture a farinha de milho, molho de soja e vinho ou xerez, despeje sobre a carne de porco e misture. Aqueça o óleo e frite o sal e o gengibre por alguns segundos. Adicione a carne de porco e cozinhe até dourar levemente. Adicione os cogumelos e o aipo e refogue por 1 minuto. Adicione o caldo, deixe ferver, tampe e cozinhe por 2 minutos. Adicione o macarrão e aqueça por 2 minutos. Junte a cebolinha e sirva imediatamente.

bolinhos de carne de porco ricos

Serve 4 porções

450g/1lb carne de porco picada (moída)
100g/4 onças de tofu, em purê
4 castanhas d'água picadas finamente
sal e pimenta moída na hora
120 ml / 4 fl oz / ½ xícara de óleo de amendoim
1 fatia de raiz de gengibre picada
600 ml / 1 pt / 2½ xícaras de caldo de galinha
15 ml / 1 colher de sopa de molho de soja
5 ml / 1 colher de chá de açúcar mascavo
5 ml/1 colher de chá de vinho de arroz ou xerez seco

Junte a carne de porco, o tofu e as castanhas e tempere com sal e pimenta. Forme bolas grandes. Aqueça o óleo e frite os pãezinhos de porco até dourar de todos os lados e retire da panela. Escorra tudo menos 15ml/1 colher de sopa de óleo e adicione gengibre, caldo, molho de soja, açúcar e vinho ou xerez. Devolva as almôndegas à panela, deixe ferver e cozinhe lentamente por 20 minutos até que estejam cozidas.

Costeletas de porco assadas

Serve 4 porções

4 costeletas de porco
75 ml / 5 colheres de sopa de molho de soja
óleo para fritar
100 g de aipo
3 cebolinhas (cebolinhas), picadas
1 fatia de raiz de gengibre picada
15 ml / 1 colher de sopa de vinho de arroz ou xerez seco
120 ml / 4 fl oz / ½ xícara de caldo de galinha
sal e pimenta moída na hora
5 ml/1 colher de chá de óleo de gergelim

Mergulhe as costeletas de porco no molho de soja até ficarem bem revestidas. Aqueça o óleo e frite as costeletas até ficarem douradas. Retire e escorra bem. Coloque o aipo no fundo de uma assadeira rasa. Polvilhe a cebolinha e o gengibre e arrume as costeletas de porco por cima. Despeje o vinho ou o xerez e o caldo e tempere com sal e pimenta. Polvilhe com óleo de gergelim. Asse em forno pré-aquecido a 200°C/400°C/gás marca 6 por 15 minutos.

carne de porco picante

Serve 4 porções

1 pepino, em cubos

sal

450g/1lb de carne de porco magra, em cubos

5 ml/1 colher de chá de sal

45 ml / 3 colheres de sopa de molho de soja

30 ml / 2 colheres de sopa de vinho de arroz ou xerez seco

30 ml / 2 colheres de sopa de farinha de milho (amido de milho)

15 ml / 1 colher de sopa de açúcar mascavo

60 ml / 4 colheres de sopa de óleo de amendoim

1 fatia de raiz de gengibre picada

1 dente de alho, picado

1 pimenta malagueta vermelha, sem sementes e picada

60 ml / 4 colheres de sopa de caldo de galinha

Polvilhe o pepino com sal e reserve. Junte a carne de porco, sal, 15ml/1 colher de sopa de molho de soja, 15ml/1 colher de sopa de vinho ou xerez, 15ml/1 colher de sopa de fubá, açúcar mascavo e 15ml/1 colher de sopa de azeite. Deixe descansar por 30 minutos e retire a carne da marinada. Aqueça o óleo restante e frite a carne de porco até dourar levemente. Adicione o gengibre, o alho e a pimenta e frite por 2 minutos. Adicione o pepino e refogue por 2 minutos. Misture o caldo e o molho de soja restante, vinho ou xerez e farinha de milho na marinada. Mexa isso na panela e deixe ferver, mexendo. Cozinhe, mexendo, até o molho ficar claro e engrossar, continuando a ferver até que a carne esteja cozida.

fatias de carne de porco feliz

Serve 4 porções

225 g / 8 onças de carne de porco magra, fatiada

2 claras de ovo

15 ml / 1 colher de sopa de farinha de milho (amido de milho)

45 ml / 3 colheres de sopa de óleo de amendoim

50 g / 2 onças de brotos de bambu, fatiados

6 cebolinhas (cebolinhas), picadas

2,5 ml/½ colher de chá de sal

15 ml / 1 colher de sopa de vinho de arroz ou xerez seco

150 ml/¼ pt/ ½ xícara generosa de caldo de galinha

Misture a carne de porco com as claras e a farinha de milho até ficar bem revestida. Aqueça o óleo e frite a carne de porco até dourar levemente, depois retire da panela. Adicione brotos de bambu e cebolinha e refogue por 2 minutos. Retorne a carne de porco à panela com sal, vinho ou xerez e caldo de galinha. Deixe ferver e cozinhe, mexendo, por 4 minutos, até que a carne de porco esteja cozida.

Carne de porco com espinafre e cenoura

Serve 4 porções

225 g / 8 onças de carne de porco magra
2 cenouras, cortadas em tiras
225 g / 8 onças de espinafre
45 ml / 3 colheres de sopa de óleo de amendoim
1 chalota (cebolinha), finamente picada
15 ml / 1 colher de sopa de molho de soja
2,5 ml/½ colher de chá de sal
10 ml / 2 colheres de chá de farinha de milho (amido de milho)
30 ml / 2 colheres de sopa de água

Corte a carne de porco em fatias finas contra o grão e corte em tiras. Ferva as cenouras por cerca de 3 minutos e escorra. Corte as folhas de espinafre ao meio. Aqueça o óleo e frite a cebolinha até ficar translúcida. Adicione a carne de porco e cozinhe até dourar levemente. Adicione a cenoura e o molho de soja e refogue por 1 minuto. Adicione o sal e o espinafre e refogue por cerca de 30 segundos até começar a amolecer. Misture o fubá com a água até formar uma pasta, misture ao molho e frite até ficar esbranquiçado e sirva na hora.

carne de porco cozida no vapor

Serve 4 porções

450g/1lb de carne de porco magra, em cubos
120 ml / 4 fl oz / ½ xícara de molho de soja
120 ml / 4 fl oz / ½ xícara de vinho de arroz ou xerez seco
15 ml / 1 colher de sopa de açúcar mascavo

Misture todos os ingredientes e coloque em uma tigela refratária. Vapor em uma grelha sobre água fervente por cerca de 1 hora e meia até ficar cozido.

Porco assado

Serve 4 porções

25g / 1oz de cogumelos chineses secos
15 ml / 1 colher de sopa de óleo de amendoim
450g/1lb de carne de porco magra, fatiada
1 pimentão verde picado
15 ml / 1 colher de sopa de molho de soja
15 ml / 1 colher de sopa de vinho de arroz ou xerez seco
5 ml/1 colher de chá de sal
5 ml/1 colher de chá de óleo de gergelim

Mergulhe os cogumelos em água quente por 30 minutos e escorra. Descarte os talos e corte as pontas. Aqueça o óleo e frite a carne de porco até dourar levemente. Adicione os pimentões e refogue por 1 minuto. Adicione os cogumelos, o molho de soja, o vinho ou xerez e o sal e refogue por alguns minutos até que a carne esteja cozida. Misture o óleo de gergelim antes de servir.

Carne de porco com batata doce

Serve 4 porções

óleo para fritar

2 batatas doces grandes cortadas em cubinhos

30 ml / 2 colheres de sopa de óleo de amendoim

1 fatia de raiz de gengibre, cortada

1 cebola, fatiada

450g/1lb de carne de porco magra, em cubos

15 ml / 1 colher de sopa de molho de soja

2,5 ml/½ colher de chá de sal

pimenta moída na hora

250 ml / 8 fl oz / 1 xícara de caldo de galinha

30ml/2 colheres de sopa de caril em pó

Aqueça o óleo e frite as batatas-doces até dourar. Retire da panela e escorra bem. Aqueça o óleo de amendoim e frite o gengibre e a cebola até dourar levemente. Adicione a carne de porco e cozinhe até dourar levemente. Adicione o molho de soja, sal e uma pitada de pimenta, acrescente o caldo e o curry, deixe ferver e cozinhe, mexendo, por 1 minuto. Adicione as batatas fritas, tampe e cozinhe por 30 minutos até que a carne de porco esteja cozida.

porco agridoce

Serve 4 porções

450g/1lb de carne de porco magra, em cubos
15 ml / 1 colher de sopa de vinho de arroz ou xerez seco
15 ml / 1 colher de sopa de óleo de amendoim
5ml/1 colher de chá de caril em pó
1 ovo, batido
sal
100 g de farinha de milho (amido de milho)
óleo para fritar
1 dente de alho, esmagado
75 g / 3 onças / ½ xícara de açúcar
50 g de ketchup de tomate (catchup)
5 ml/1 colher de chá de vinagre de vinho
5 ml/1 colher de chá de óleo de gergelim

Misture a carne de porco com o vinho ou xerez, o azeite, o caril em pó, o ovo e um pouco de sal. Misture o fubá até que a carne de porco esteja coberta pela massa. Aqueça o azeite até fumegar e acrescente os cubos de carne de porco algumas vezes. Frite por cerca de 3 minutos, escorra e reserve. Aqueça o óleo novamente e frite os cubos novamente por cerca de 2 minutos. Retire e escorra. Aqueça o alho, o açúcar, o ketchup de tomate e o vinagre de vinho, mexendo, até que o açúcar se dissolva. Deixe levantar fervura, junte os cubos de carne de porco e mexa bem. Misture o óleo de gergelim e sirva.

carne de porco salgada

Serve 4 porções

30 ml / 2 colheres de sopa de óleo de amendoim

450g/1lb de carne de porco magra, em cubos

3 cebolinhas (cebolinhas), fatiadas

2 dentes de alho, esmagados

1 fatia de raiz de gengibre picada

250 ml / 8 fl oz / 1 xícara de molho de soja

30 ml / 2 colheres de sopa de vinho de arroz ou xerez seco

30 ml / 2 colheres de sopa de açúcar mascavo

5 ml/1 colher de chá de sal

600 ml / 1 pt / 2½ xícaras de água

Aqueça o óleo e frite a carne de porco até dourar. Escorra o excesso de óleo, acrescente as chalotas, o alho e o gengibre e frite por 2 minutos. Adicione o molho de soja, vinho ou xerez, açúcar e sal e mexa bem. Adicione a água, deixe ferver, tampe e cozinhe por 1 hora.

carne de porco com tofu

Serve 4 porções

450g/1lb de carne de porco magra

45 ml / 3 colheres de sopa de óleo de amendoim

1 cebola, fatiada

1 dente de alho, esmagado

225 g / 8 onças de tofu, em cubos

375 ml / 13 fl oz / 1½ dl caldo de galinha

15 ml / 1 colher de sopa de açúcar mascavo

60 ml / 4 colheres de sopa de molho de soja

2,5 ml/½ colher de chá de sal

Coloque a carne de porco em uma panela e cubra com água. Deixe ferver e depois cozinhe por 5 minutos. Escorra e deixe esfriar e corte em cubos.

Aqueça o óleo e frite a cebola e o alho até dourar levemente. Adicione a carne de porco e cozinhe até dourar levemente. Adicione o tofu e mexa delicadamente até ficar coberto de óleo. Adicione o caldo, o açúcar, o molho de soja e o sal, deixe ferver, tampe e cozinhe por aprox. 40 minutos até a carne de porco ficar macia.

carne de porco macia

Serve 4 porções

225 g / 8 onças de lombo de porco, em cubos
1 clara de ovo
30 ml / 2 colheres de sopa de vinho de arroz ou xerez seco
sal
225 g / 8 oz farinha de milho (amido de milho)
óleo para fritar

Misture a carne de porco com clara de ovo, vinho ou xerez e um pouco de sal. Gradualmente, trabalhe com farinha de milho suficiente para fazer uma massa grossa. Aqueça o óleo e frite a carne de porco até dourar e ficar crocante por fora e macia por dentro.

duas vezes porco

Serve 4 porções

225 g / 8 onças de carne de porco magra
45 ml / 3 colheres de sopa de óleo de amendoim
2 pimentões verdes, cortados em pedaços
2 dentes de alho, picados
2 cebolinhas (cebolinhas), fatiadas
15 ml / 1 colher de sopa de molho de feijão quente
15 ml / 1 colher de sopa de caldo de galinha
5 ml/1 colher de chá de açúcar

Coloque a costelinha de porco em uma panela, cubra com água, deixe ferver e cozinhe por 20 minutos até ficar cozido. Retire e escorra e deixe esfriar. Corte em fatias finas.

Aqueça o óleo e frite a carne de porco até dourar levemente. Adicione o pimentão, o alho e a cebolinha e refogue por 2 minutos. Retire da panela. Adicione o molho de feijão, caldo e açúcar à panela e cozinhe, mexendo, por 2 minutos. Devolva a carne de porco e os pimentões e cozinhe até aquecer. Sirva imediatamente.

carne de porco com legumes

Serve 4 porções

2 dentes de alho, esmagados
5 ml/1 colher de chá de sal
2,5 ml/½ colher de chá de pimenta moída na hora
30 ml / 2 colheres de sopa de óleo de amendoim
30 ml / 2 colheres de sopa de molho de soja
225 g floretes de brócolis
200 g de floretes de couve-flor
1 pimenta vermelha em cubos
1 cebola picada
2 laranjas, descascadas e picadas
1 pedaço de talo de gengibre picado
30 ml / 2 colheres de sopa de farinha de milho (amido de milho)
300 ml / ½ pt / 1¼ xícaras de água
20ml/2 colheres de sopa de vinagre de vinho
15 ml/1 colher de sopa de mel
pitada de gengibre em pó
2,5 ml/½ colher de chá de cominho

Esmague o alho, sal e pimenta na carne. Aqueça o óleo e frite a carne até dourar levemente. Retire da panela. Adicione o molho de soja e os legumes à panela e frite até ficarem macios, mas ainda crocantes. Adicione as laranjas e o gengibre. Junte o fubá e a água e mexa na panela com o vinagre de vinho, o mel, o gengibre e o cominho. Deixe ferver e cozinhe, mexendo, por 2 minutos. Retorne a carne de porco para a panela e aqueça antes de servir.

carne de porco com nozes

Serve 4 porções

50 g / 2 onças / ½ xícara de nozes
225 g / 8 onças de carne de porco magra, cortada em tiras
30 ml / 2 colheres de sopa de farinha de trigo (para todos os fins)
30 ml / 2 colheres de sopa de açúcar mascavo
30 ml / 2 colheres de sopa de molho de soja
óleo para fritar
15 ml / 1 colher de sopa de óleo de amendoim

Escalde as nozes em água fervente por 2 minutos e escorra. Misture a carne de porco com farinha, açúcar e 15ml/1 colher de sopa de molho de soja até ficar bem revestida. Aqueça o óleo e frite a carne de porco até ficar crocante e dourada. Escorra em papel de cozinha. Aqueça o óleo de amendoim e frite as nozes até ficarem douradas. Adicione a carne de porco à panela, polvilhe com o molho de soja restante e cozinhe até aquecer.

wontons de porco

Serve 4 porções

450g/1lb carne de porco picada (moída)

1 chalota (cebolinha), picada

225 g / 8 onças de vegetais misturados, picados

30 ml / 2 colheres de sopa de molho de soja

5 ml/1 colher de chá de sal

40 peles wonton

óleo para fritar

Aqueça uma frigideira e frite a carne de porco e a cebolinha até dourar levemente. Retire do fogo e misture os legumes, o molho de soja e o sal.

Para dobrar os wontons, segure a pele na palma da mão esquerda e coloque um pouco de recheio no meio. Umedeça as bordas com ovo e dobre a pele em um triângulo, selando as bordas. Umedeça os cantos com ovo e torça-os juntos.

Aqueça o óleo e frite os wontons alguns de cada vez até dourar. Escorra bem antes de servir.

Carne de porco com castanhas de água

Serve 4 porções

45 ml / 3 colheres de sopa de óleo de amendoim
1 dente de alho, esmagado
1 chalota (cebolinha), picada
1 fatia de raiz de gengibre picada
225 g / 8 onças de carne de porco magra, cortada em tiras
100 g / 4 onças de castanhas de água, em fatias finas
45 ml / 3 colheres de sopa de molho de soja
15 ml / 1 colher de sopa de vinho de arroz ou xerez seco
5 ml / 1 colher de fubá (amido de milho)

Aqueça o azeite e frite o alho, a cebolinha e o gengibre até dourar levemente. Adicione a carne de porco e cozinhe por 10 minutos até dourar. Adicione as castanhas de água e refogue por 3 minutos. Adicione os outros ingredientes e refogue por 3 minutos.

Wontons de carne de porco e camarão

Serve 4 porções

225 g / 8 oz carne de porco picada (moída)

2 cebolinhas (cebolinhas), picadas

100 g / 4 onças de vegetais misturados, picados

100g/4 onças de cogumelos picados

225 g / 8 onças de camarão descascado, picado

15 ml / 1 colher de sopa de molho de soja

2,5 ml/½ colher de chá de sal

40 peles wonton

óleo para fritar

Aqueça uma frigideira e frite a carne de porco e a cebolinha até dourar levemente. Adicionar o resto dos ingredientes.

Para dobrar os wontons, segure a pele na palma da mão esquerda e coloque um pouco de recheio no meio. Umedeça as bordas com ovo e dobre a pele em um triângulo, selando as bordas. Umedeça os cantos com ovo e torça-os juntos.

Aqueça o óleo e frite os wontons alguns de cada vez até dourar. Escorra bem antes de servir.

Almôndegas picadas no vapor

Serve 4 porções

2 dentes de alho, esmagados

2,5 ml/½ colher de chá de sal

450g/1lb carne de porco picada (moída)

1 cebola picada

1 pimenta vermelha, picada

1 pimentão verde, picado

2 pedaços de talo de gengibre picado

5ml/1 colher de chá de caril em pó

5 ml/1 colher de chá de páprica

1 ovo, batido

45 ml / 3 colheres de sopa de farinha de milho (amido de milho)

50g/2oz de arroz de grão curto

sal e pimenta moída na hora

60 ml / 4 colheres de sopa de cebolinha picada

Acrescente o alho, o sal, a carne de porco, a cebola, a pimenta malagueta, o gengibre, o curry e a páprica.Incorpore o ovo à mistura de fubá e arroz. Tempere com sal e pimenta, acrescente a cebolinha e, com as mãos molhadas, faça bolinhas com a mistura. Coloque-os em uma panela a vapor, tampe e cozinhe em água fervente por 20 minutos até ficar cozido.

Costela com molho de feijão preto

Serve 4 porções

900 g / 2 lb costelinha de porco

2 dentes de alho, esmagados

2 cebolinhas (cebolinhas), picadas

30 ml / 2 colheres de sopa de molho de feijão preto

30 ml / 2 colheres de sopa de vinho de arroz ou xerez seco

15 ml / 1 colher de sopa de água

30 ml / 2 colheres de sopa de molho de soja

15 ml / 1 colher de sopa de farinha de milho (amido de milho)

5 ml/1 colher de chá de açúcar

120 ml / 4 fl oz ½ xícara de água

30 ml/2 colheres de sopa de óleo

2,5 ml/½ colher de chá de sal

120 ml / 4 fl oz / ½ xícara de caldo de galinha

Corte as costelinhas em 2,5 cm/1. Acrescente o alho, a cebolinha, o molho de feijão preto, o vinho ou xerez, a água e 15 ml/1 colher de sopa de molho de soja. Misture o restante do molho de soja com o fubá, o açúcar e a água. Aqueça o óleo e o sal e frite as costelinhas até dourar. Escorra o óleo. Adicione a mistura de alho e refogue por 2 minutos. Adicione o caldo, deixe ferver, tampe e cozinhe por 4 minutos. Adicione a mistura de fubá e cozinhe, mexendo, até o molho clarear e engrossar.

Costela de porco refogada

Serve 4 porções

3 dentes de alho, esmagados
75 ml / 5 colheres de sopa de molho de soja
60 ml/4 colheres de sopa de molho hoisin
60 ml / 4 colheres de sopa de vinho de arroz ou xerez seco
45ml / 3 colheres de sopa de açúcar mascavo
30 ml / 2 colheres de sopa de purê de tomate (pasta)
900 g / 2 lb costelinha de porco
15 ml/1 colher de sopa de mel

Combine alho, molho de soja, molho hoisin, vinho ou xerez, açúcar mascavo e purê de tomate, despeje sobre as costelas, cubra e deixe marinar durante a noite.

Escorra as costelas e coloque-as em uma grelha em uma assadeira com um pouco de água por baixo. Asse em forno pré-aquecido a 180°C/350°F/gás 4 por 45 minutos, regando de vez em quando com a marinada, reservando 30ml/2 colheres de sopa da marinada. Misture a marinada reservada com o mel e pincele as costelas. Grelhe ou grelhe (grelhe) sob uma grelha quente por cerca de 10 minutos.

Costeleta de bordo queimado

Serve 4 porções

900 g / 2 lb costelinha de porco
60 ml / 4 colheres de sopa de maple syrup
5 ml/1 colher de chá de sal
5 ml/1 colher de chá de açúcar
45 ml / 3 colheres de sopa de molho de soja
15 ml / 1 colher de sopa de vinho de arroz ou xerez seco
1 dente de alho, esmagado

Corte as costelinhas em pedaços de 5cm/2cm e coloque em uma tigela. Misture todos os ingredientes, acrescente a costela e misture bem. Cubra e deixe marinar durante a noite. Grelhe (grelhe) ou grelhe em fogo médio por cerca de 30 minutos.

costeletas fritas

Serve 4 porções

900 g / 2 lb costelinha de porco

120 ml / 4 fl oz / ½ xícara de ketchup de tomate (catsup)

120 ml / 4 fl oz / ½ xícara de vinagre de vinho

60ml/4 colheres de sopa de chutney de manga

45 ml / 3 colheres de sopa de vinho de arroz ou xerez seco

2 dentes de alho, picados

5 ml/1 colher de chá de sal

45 ml / 3 colheres de sopa de molho de soja

30 ml/2 colheres de sopa de mel

15ml/1 colher de sopa de caril suave em pó

15 ml/1 colher de sopa de páprica

óleo para fritar

60 ml / 4 colheres de sopa de cebolinha picada

Coloque as costelas em uma tigela. Misture todos os ingredientes, exceto o óleo e a cebolinha, despeje sobre as costelas, cubra e deixe marinar por pelo menos 1 hora. Aqueça o óleo e frite as costelinhas até ficarem crocantes. Sirva polvilhado com cebolinho.

Costela com alho-poró

Serve 4 porções

450g/1lb costelinha de porco

óleo para fritar

250 ml / 8 fl oz / 1 xícara de caldo

30 ml / 2 colheres de sopa de ketchup de tomate (catsup)

2,5 ml/½ colher de chá de sal

2,5 ml/½ colher de chá de açúcar

2 alhos-porós, cortados em pedaços

6 cebolinhas (cebolinhas), cortadas em pedaços

50 g floretes de brócolis

5 ml/1 colher de chá de óleo de gergelim

Corte as costelas em pedaços de 5 cm/2. Aqueça o óleo e frite as costelinhas até começarem a dourar. Retire-os da panela e despeje tudo menos 30ml/2 colheres de sopa de óleo. Adicione o caldo, o ketchup de tomate, o sal e o açúcar, deixe ferver e cozinhe por 1 minuto. Retorne as costelas para a panela e cozinhe por cerca de 20 minutos até ficarem macias.

Enquanto isso, aqueça mais 30 ml/2 colheres de sopa de óleo e frite o alho-poró, a cebolinha e o brócolis por cerca de 5 minutos.

Polvilhe com óleo de gergelim e arrume em uma travessa quente. Coloque as costelas e o molho no centro e sirva.

Costela com cogumelos

Serve 4-6

6 cogumelos chineses secos
900 g / 2 lb costelinha de porco
2 cravos de anis estrelado
45 ml / 3 colheres de sopa de molho de soja
5 ml/1 colher de chá de sal
15 ml / 1 colher de sopa de farinha de milho (amido de milho)

Mergulhe os cogumelos em água quente por 30 minutos e escorra. Descarte os talos e corte as pontas. Corte as costelas em pedaços de 5 cm/2. Leve uma panela com água para ferver, adicione as costelas e cozinhe por 15 minutos. Seca bem. Retorne as costelas para a panela e cubra com água fria. Adicione os cogumelos, o anis estrelado, o molho de soja e o sal. Deixe ferver, tampe e cozinhe por cerca de 45 minutos até que a carne esteja macia. Misture o fubá com um pouco de água fria, mexa na panela e cozinhe, mexendo, até o molho ficar claro e engrossar.

Costela com laranja

Serve 4 porções

900 g / 2 lb costelinha de porco
5 ml / 1 colher de chá de queijo ralado
5 ml / 1 colher de fubá (amido de milho)
45 ml / 3 colheres de sopa de vinho de arroz ou xerez seco
sal
óleo para fritar
15 ml / 1 colher de sopa de água
2,5 ml/½ colher de chá de açúcar
15 ml / 1 colher de sopa de purê de tomate (pasta)
2,5 ml/½ colher de chá de molho de pimenta
casca ralada de 1 laranja
1 laranja, fatiada

Corte as costelinhas em pedaços e misture com queijo, farinha de milho, 5ml/1 colher de chá de vinho ou xerez e uma pitada de sal. Deixe marinar por 30 minutos. Aqueça o óleo e frite as costelas por cerca de 3 minutos até dourar. Aqueça 15ml/1 colher de sopa de azeite num wok, adicione a água, o açúcar, a pasta de tomate, o molho de malagueta, a raspa de laranja e o restante vinho ou xerez e mexa em lume brando durante 2 minutos. Adicione a carne de porco e mexa até ficar bem revestida. Transfira para um prato quente e sirva decorado com rodelas de laranja.

costeleta de abacaxi

Serve 4 porções

900 g / 2 lb costelinha de porco
600 ml / 1 pt / 2½ xícaras de água
30 ml / 2 colheres de sopa de óleo de amendoim
2 dentes de alho, bem picados
200 g / 7 oz lata de pedaços de abacaxi em suco de frutas
120 ml / 4 fl oz / ½ xícara de caldo de galinha
60 ml/4 colheres de sopa de vinagre de vinho
50 g / 2 onças / ¼ xícara de açúcar mascavo
15 ml / 1 colher de sopa de molho de soja
15 ml / 1 colher de sopa de farinha de milho (amido de milho)
3 cebolinhas (cebolinhas), picadas

Coloque a carne de porco e a água em uma panela, deixe ferver, tampe e cozinhe por 20 minutos. Seca bem.

Aqueça o óleo e frite o alho até dourar levemente. Adicione as costelas e cozinhe até ficarem bem revestidas no óleo. Escorra os pedaços de abacaxi e adicione 120 ml/4 fl oz/½ xícara de suco à panela com caldo, vinagre, açúcar e molho de soja. Deixe ferver, tampe e cozinhe por 10 minutos. Adicione o abacaxi escorrido. Misture o fubá com um pouco de água, misture ao molho e cozinhe, mexendo, até o molho clarear e engrossar. Sirva polvilhado com cebolinho.

Costelinha de camarão crocante

Serve 4 porções

900 g / 2 lb costelinha de porco
450 g/1 libra de camarão descascado
5 ml/1 colher de chá de açúcar
sal e pimenta moída na hora
30 ml / 2 colheres de sopa de farinha de trigo (para todos os fins)
1 ovo, levemente batido
100 g / 4 onças farinha de rosca
óleo para fritar

Corte as costelas em pedaços de 5 cm/2. Retire um pouco da carne e pique-a com os camarões, o açúcar, o sal e a pimenta. Misture a farinha e o ovo o suficiente para tornar a mistura pegajosa. Pressione ao redor dos pedaços de costela e polvilhe com farinha de rosca. Aqueça o óleo e frite as costelinhas até subirem à superfície. Escorra bem e sirva quente.

Costela com vinho de arroz

Serve 4 porções

900 g / 2 lb costelinha de porco

450 ml / ¾ pt / 2 xícaras de água

60 ml / 4 colheres de sopa de molho de soja

5 ml/1 colher de chá de sal

30 ml/2 colheres de sopa de vinho de arroz

5 ml/1 colher de chá de açúcar

Corte as costelas em 2,5 cm/1. Coloque em uma panela com água, molho de soja e sal, deixe ferver, tampe e cozinhe por 1 hora. Seca bem. Aqueça uma panela e acrescente a costela, o vinho de arroz e o açúcar. Cozinhe em fogo alto até que o líquido evapore.

Costelas com sementes de gergelim

Serve 4 porções

900 g / 2 lb costelinha de porco

1 ovo

30 ml / 2 colheres de sopa de farinha de trigo (para todos os fins)

5 ml / 1 colher de chá de farinha de batata

45 ml / 3 colheres de sopa de água

óleo para fritar

30 ml / 2 colheres de sopa de óleo de amendoim

30 ml / 2 colheres de sopa de ketchup de tomate (catsup)

30 ml / 2 colheres de sopa de açúcar mascavo

10 ml/2 colheres de chá de vinagre de vinho

45 ml/3 colheres de sopa de sementes de sésamo

4 folhas de alface

Corte as costelas em pedaços de 10cm/4cm e coloque em uma tigela. Misture o ovo com a farinha, a farinha de batata e a água, junte à costelinha e deixe descansar por 4 horas.

Aqueça o óleo e frite as costelas até dourar, retire e escorra. Aqueça o óleo e frite o ketchup de tomate, o açúcar, o vinagre de vinho por alguns minutos. Adicione as costelinhas e cozinhe até ficarem bem revestidas. Polvilhe com sementes de gergelim e frite por 1 minuto. Disponha as folhas de alface em um prato quente, cubra com as costelas e sirva.

Costeletas com molho agridoce

Serve 4 porções

900 g / 2 lb costelinha de porco
600 ml / 1 pt / 2½ xícaras de água
30 ml / 2 colheres de sopa de óleo de amendoim
2 dentes de alho, esmagados
5 ml/1 colher de chá de sal
100 g / 4 onças / ½ xícara de açúcar mascavo
75 ml / 5 colheres de sopa de caldo de galinha
60 ml/4 colheres de sopa de vinagre de vinho
100 g / 4 oz pedaços de abacaxi em calda
15 ml / 1 colher de sopa de purê de tomate (pasta)
15 ml / 1 colher de sopa de molho de soja
15 ml / 1 colher de sopa de farinha de milho (amido de milho)
30 ml / 2 colheres de sopa de coco ralado

Coloque a carne de porco e a água em uma panela, deixe ferver, tampe e cozinhe por 20 minutos. Seca bem.

Aqueça o óleo e frite as costelinhas com alho e sal até dourar. Adicione o açúcar, o caldo e o vinagre de vinho e deixe ferver.

Escorra o abacaxi e coloque 30ml/2 colheres de sopa da calda na panela com o purê de tomate, o molho de soja e o fubá. Mexa bem e cozinhe, mexendo, até o molho ficar claro e engrossar. Adicione o abacaxi, cozinhe por 3 minutos e sirva polvilhado com coco.

Costela refogada

Serve 4 porções

900 g / 2 lb costelinha de porco
1 ovo, batido
5 ml/1 colher de chá de molho de soja
5 ml/1 colher de chá de sal
10 ml / 2 colheres de chá de farinha de milho (amido de milho)
10 ml / 2 colheres de chá de açúcar
60 ml / 4 colheres de sopa de óleo de amendoim
250 ml / 8 fl oz / 1 xícara de vinagre de vinho
250 ml / 8 fl oz / 1 xícara de água
250 ml / 8 fl oz / 1 xícara de vinho de arroz ou xerez seco

Coloque as costelas em uma tigela. Misture o ovo com o molho de soja, sal, metade do fubá e metade do açúcar, acrescente o entrecosto e misture bem. Aqueça o óleo e frite as costelas até dourar. Adicione os ingredientes restantes, deixe ferver e cozinhe até que o líquido quase evapore.

Costela com tomate

Serve 4 porções

900 g / 2 lb costelinha de porco
75 ml / 5 colheres de sopa de molho de soja
30 ml / 2 colheres de sopa de vinho de arroz ou xerez seco
2 ovos, batidos
45 ml / 3 colheres de sopa de farinha de milho (amido de milho)
óleo para fritar
45 ml / 3 colheres de sopa de óleo de amendoim
1 cebola, em fatias finas
250 ml / 8 fl oz / 1 xícara de caldo de galinha
60 ml/4 colheres de sopa de catchup de tomate (catsup)
10 ml / 2 colheres de chá de açúcar mascavo

Corte as costelinhas em 2,5 cm/1. Misture com 60ml/4 colheres de sopa de shoyu e o vinho ou xerez e deixe marinar por 1 hora, mexendo de vez em quando. Escorra, descarte a marinada. Passe o entrecosto no ovo e depois no fubá. Aqueça o óleo e frite as costelas, algumas de cada vez, até dourar. Seca bem. Aqueça o óleo de amendoim (amendoim) e frite a cebola até ficar transparente. Adicione o caldo, o molho de soja restante, o ketchup e o açúcar mascavo e cozinhe, mexendo, por 1 minuto. Adicione as costelas e cozinhe por 10 minutos.

Carne de porco grelhada

Serve 4-6

1,25 kg / 3 lb ombro de porco desossado

2 dentes de alho, esmagados

2 cebolinhas (cebolinhas), picadas

250 ml / 8 fl oz / 1 xícara de molho de soja

120 ml / 4 fl oz / ½ xícara de vinho de arroz ou xerez seco

100 g / 4 onças / ½ xícara de açúcar mascavo

5 ml/1 colher de chá de sal

Coloque a carne de porco em uma tigela. Misture os ingredientes restantes, despeje sobre a carne de porco, tampe e deixe marinar por 3 horas. Transfira a carne de porco e a marinada para uma assadeira e asse em forno pré-aquecido a 200°C/400°F/gás 6 por 10 minutos. Reduza a temperatura para 160°C/325°F/gás marca 3 por 1¾ horas até que a carne de porco esteja bem cozida.

Carne de porco fria com mostarda

Serve 4 porções

1kg/2lb de porco assado desossado
250 ml / 8 fl oz / 1 xícara de molho de soja
120 ml / 4 fl oz / ½ xícara de vinho de arroz ou xerez seco
100 g / 4 onças / ½ xícara de açúcar mascavo
3 cebolinhas (cebolinhas), picadas
5 ml/1 colher de chá de sal
30 ml / 2 colheres de sopa de mostarda em pó

Coloque a carne de porco em uma tigela. Misture todos os ingredientes restantes, exceto a mostarda e despeje sobre a carne de porco. Deixe marinar por pelo menos 2 horas, regando com frequência. Forre uma assadeira com papel alumínio e coloque a carne de porco em uma grelha na panela. Asse em forno pré-aquecido a 200°C/400°F/gás marca 6 por 10 minutos, depois reduza a temperatura para 160°C/325°F/gás marca 3 por mais 1¾ horas, até que a carne esteja macia. oferta. Deixe esfriar e depois coloque na geladeira. Corte bem. Misture a mostarda em pó com água suficiente para fazer uma pasta cremosa para servir com a carne de porco.

porco assado chinês

Serve 6 porções

1,25 kg / 3 lb pedaço de carne de porco, em fatias grossas
2 dentes de alho, bem picados
30 ml / 2 colheres de sopa de vinho de arroz ou xerez seco
15 ml / 1 colher de sopa de açúcar mascavo
15 ml/1 colher de sopa de mel
90 ml / 6 colheres de sopa de molho de soja
2,5 ml/½ colher de chá de cinco especiarias em pó

Disponha a carne de porco em um prato raso. Misture os ingredientes restantes, despeje sobre a carne de porco, cubra e deixe marinar na geladeira durante a noite, virando e mexendo ocasionalmente.

Disponha as rodelas de porco numa grelha num tabuleiro de ir ao forno com um pouco de água e regue bem com a marinada. Asse em forno pré-aquecido a 180°C/350°F/gás marca 5 por aprox. 1 hora, regando ocasionalmente, até que a carne de porco esteja cozida.

carne de porco com espinafre

Serve 6-8

30 ml / 2 colheres de sopa de óleo de amendoim
1,25 kg / 3 lb lombo de porco
250 ml / 8 fl oz / 1 xícara de caldo de galinha
15 ml / 1 colher de sopa de açúcar mascavo
60 ml / 4 colheres de sopa de molho de soja
900 g / 2 libras de espinafre

Aqueça o azeite e doure a carne de todos os lados. Retire a maior parte da gordura. Adicione o caldo, o açúcar e o molho de soja, deixe ferver, tampe e cozinhe por aprox. 2 horas, até que a carne de porco esteja cozida. Retire a carne da panela e deixe esfriar um pouco, depois corte em fatias. Adicione o espinafre à panela e cozinhe, mexendo delicadamente, até ficar macio. Escorra o espinafre e arrume-o em um prato quente. Cubra com as fatias de carne de porco e sirva.

bolas de porco fritas

Serve 4 porções

450g/1lb carne de porco picada (moída)
1 fatia de raiz de gengibre picada
15 ml / 1 colher de sopa de farinha de milho (amido de milho)
15 ml / 1 colher de sopa de água
2,5 ml/½ colher de chá de sal
10 ml/2 colheres de chá de molho de soja
óleo para fritar

Acrescente a carne de porco e o gengibre, misture o fubá, a água, o sal e o molho de soja, em seguida, misture a mistura na carne de porco e misture bem. Faça bolinhas do tamanho de nozes. Aqueça o óleo e frite as almôndegas até subirem à superfície do óleo. Retire do óleo e reaqueça. Retorne a carne de porco para a panela e cozinhe por 1 minuto. Seca bem.

Rolinhos de ovo com carne de porco e camarões

Serve 4 porções

30 ml / 2 colheres de sopa de óleo de amendoim

225 g / 8 oz carne de porco picada (moída)

225g de camarão

100 g / 4 onças de folhas chinesas picadas

100 g / 4 onças de brotos de bambu, cortados em tiras

100 g / 4 onças de castanhas de água, cortadas em tiras

10 ml/2 colheres de chá de molho de soja

5 ml/1 colher de chá de sal

5 ml/1 colher de chá de açúcar

3 cebolinhas (cebolinhas), bem picadas

8 cascas de rolinho de ovo

óleo para fritar

Aqueça o óleo e frite a carne de porco até dourar. Adicione os camarões e refogue por 1 minuto. Adicione as folhas chinesas, brotos de bambu, castanhas d'água, molho de soja, sal e açúcar e frite por 1 minuto, tampe e cozinhe por 5 minutos. Adicione a cebolinha, passe em uma peneira e deixe escorrer.

Coloque algumas colheradas da mistura de recheio no centro de cada casca de rolinho, dobre no fundo, dobre nas laterais e enrole, envolvendo o recheio. Feche a borda com um pouco da mistura de farinha e água e deixe secar por 30 minutos. Aqueça o óleo e frite os rolinhos por cerca de 10 minutos, até ficarem crocantes e dourados. Escorra bem antes de servir.

Carne de porco moída no vapor

Serve 4 porções

450g/1lb carne de porco picada (moída)

5 ml / 1 colher de fubá (amido de milho)

2,5 ml/½ colher de chá de sal

10 ml/2 colheres de chá de molho de soja

Misture a carne de porco com os demais ingredientes e espalhe a mistura em um prato raso. Coloque em uma panela a vapor com água fervente e cozinhe por cerca de 30 minutos até ficar cozido. Sirva quente.

Carne de porco frita com carne de caranguejo

Serve 4 porções

225 g / 8 onças de carne de caranguejo, em flocos

100g/4 onças de cogumelos picados

100 g / 4 onças de brotos de bambu picados

5 ml / 1 colher de fubá (amido de milho)

2,5 ml/½ colher de chá de sal

225 g / 8 onças de carne de porco cozida, fatiada

1 clara de ovo, levemente batida

óleo para fritar

15ml/1 colher de sopa de salsa fresca picada

Junte a carne de siri, os cogumelos, o broto de bambu, a maior parte do fubá e o sal, corte a carne em quadrados de 5 cm. Faça sanduíches com a mistura de carne de caranguejo. Mergulhe nas claras. Aqueça o óleo e frite os sanduíches, alguns de cada vez, até dourar. Seca bem. Sirva polvilhado com salsa.

Carne de porco com broto de feijão

Serve 4 porções

30 ml / 2 colheres de sopa de óleo de amendoim

2,5 ml/½ colher de chá de sal

2 dentes de alho, esmagados

450 g / 1 lb brotos de feijão

225 g / 8 onças de carne de porco cozida, em cubos

120 ml / 4 fl oz / ½ xícara de caldo de galinha

15 ml / 1 colher de sopa de molho de soja

15 ml / 1 colher de sopa de vinho de arroz ou xerez seco

5 ml/1 colher de chá de açúcar

15 ml / 1 colher de sopa de farinha de milho (amido de milho)

2,5 ml/½ colher de chá de óleo de gergelim

3 cebolinhas (cebolinhas), picadas

Aqueça o óleo e frite o sal e o alho até dourar levemente. Adicione o broto de feijão e a carne de porco e refogue por 2 minutos. Adicione metade do caldo, deixe ferver, tampe e cozinhe por 3 minutos. Misture o caldo restante com o restante dos ingredientes, mexa na panela, leve ao fogo e cozinhe por 4 minutos, mexendo. Sirva polvilhado com cebolinho.

porco bêbado

Serve 6 porções

1,25 kg/3 lb de carne de porco desossada
30 ml / 2 colheres de sopa de sal
pimenta moída na hora
1 chalota (cebolinha), picada
2 dentes de alho, picados
1 garrafa de vinho branco seco

Coloque a carne de porco em uma panela e adicione sal, pimenta, cebolinha e alho. Cubra com água fervente, deixe ferver, tampe e cozinhe por 30 minutos. Retire a carne de porco da panela, deixe esfriar e seque por 6 horas ou durante a noite na geladeira. Corte a carne de porco em pedaços grandes e coloque em um copo grande com tampa de rosca. Cubra com o vinho, tampe e guarde na geladeira por pelo menos 1 semana.

perna de porco cozida no vapor

Serve 6-8

1 perna de porco pequena
90 ml / 6 colheres de sopa de molho de soja
450 ml / ¾ pt / 2 xícaras de água
45ml / 3 colheres de sopa de açúcar mascavo
15 ml / 1 colher de sopa de vinho de arroz ou xerez seco
30 ml / 2 colheres de sopa de óleo de amendoim
3 dentes de alho, esmagados
450 g/1 libra de espinafre
2,5 ml/½ colher de chá de sal
30 ml / 2 colheres de sopa de farinha de milho (amido de milho)

Perfure toda a pele de porco com uma faca afiada e esfregue em 30ml/2 colheres de sopa de molho de soja. Coloque a água em uma panela pesada, deixe ferver, tampe e cozinhe por 40 minutos. Escorra, reservando o líquido, deixe a carne de porco esfriar e coloque em uma tigela refratária.

Misture 15 ml/1 colher de sopa de açúcar, o vinho ou xerez e 30 ml/2 colheres de sopa de molho de soja e esfregue sobre a carne de porco. Aqueça o óleo e frite o alho até dourar levemente. Adicione o açúcar restante e o molho de soja, despeje a mistura sobre a carne de porco e tampe a tigela. Coloque a tigela em uma wok e encha-a até a metade dos lados com água. Cubra e cozinhe no vapor por cerca de 1 hora e meia, completando com água fervente conforme necessário. Corte os espinafres em pedaços de 5 cm/2 e polvilhe com sal. Ferva uma panela com água e despeje o espinafre. Deixe por 2 minutos até o espinafre começar a amolecer, escorra e arrume em um prato aquecido. Coloque a carne de porco por cima. Leve o caldo de carne de porco para ferver. Misture o fubá com um pouco de água, junte o caldo e cozinhe, mexendo, até o molho clarear e engrossar. Despeje sobre a carne de porco e sirva.

Porco assado com legumes

Serve 4 porções

50 g / 2 onças / ½ xícara de amêndoas descascadas

30 ml / 2 colheres de sopa de óleo de amendoim

sal

100g / 4 onças de cogumelos em cubos

100 g / 4 onças de brotos de bambu, em cubos

1 cebola, em cubos

2 talos de aipo, em cubos

100 g / 4 oz mangetout (ervilhas), em cubos

4 castanhas d'água cortadas em cubos

1 chalota (cebolinha), picada

20 ml / 4 fl oz / ½ xícara de caldo de galinha

225 g / 8 oz Carne de porco grelhada, em cubos

15 ml / 1 colher de sopa de farinha de milho (amido de milho)

45 ml / 3 colheres de sopa de água

2,5 ml/½ colher de chá de açúcar

pimenta moída na hora

Toste as amêndoas até ficarem levemente douradas. Aqueça o óleo e o sal, acrescente os legumes e frite por 2 minutos até ficarem cobertos de óleo. Adicione o caldo, deixe ferver, tampe e cozinhe por 2 minutos, até que os legumes estejam quase cozidos, mas ainda crocantes. Adicione a carne de porco e aqueça. Misture o fubá, a água, o açúcar e a pimenta e misture ao molho. Cozinhe, mexendo, até o molho ficar claro e engrossar.

duas vezes porco

Serve 4 porções

45 ml / 3 colheres de sopa de óleo de amendoim
6 cebolinhas (cebolinhas), picadas
1 dente de alho, esmagado
1 fatia de raiz de gengibre picada
2,5 ml/½ colher de chá de sal
225 g / 8 onças de carne de porco cozida, em cubos
15 ml / 1 colher de sopa de molho de soja
15 ml / 1 colher de sopa de vinho de arroz ou xerez seco
30 ml/2 colheres de sopa de pasta de feijão

Aqueça o óleo e frite a cebola, o alho, o gengibre e o sal até dourar levemente. Adicione a carne de porco e refogue por 2 minutos. Adicione o molho de soja, vinho ou xerez e pasta de feijão e cozinhe por 3 minutos.

Rins de Porco com Mangetout

Serve 4 porções

4 rins de porco, cortados ao meio e sem caroço

30 ml / 2 colheres de sopa de óleo de amendoim

2,5 ml/½ colher de chá de sal

1 fatia de raiz de gengibre picada

3 talos de aipo picados

1 cebola picada

30 ml / 2 colheres de sopa de molho de soja

15 ml / 1 colher de sopa de vinho de arroz ou xerez seco

5 ml/1 colher de chá de açúcar

60 ml / 4 colheres de sopa de caldo de galinha

225 g / 8 oz mangetout (ervilhas)

15 ml / 1 colher de sopa de farinha de milho (amido de milho)

45 ml / 3 colheres de sopa de água

Ferva os rins por 10 minutos, escorra e enxágue em água fria. Aqueça o óleo e frite o sal e o gengibre por alguns segundos. Adicione os rins e frite por 30 segundos até ficarem cobertos de óleo. Adicione o aipo e a cebola e refogue por 2 minutos. Adicione o molho de soja, vinho ou xerez e o açúcar e refogue por 1 minuto. Adicione o caldo, deixe ferver, tampe e cozinhe por 1 minuto. Adicione mangetout, tampe e cozinhe por 1 minuto. Misture a farinha de milho e a água, acrescente o molho e cozinhe até o molho clarear e engrossar. Sirva imediatamente.

Presunto vermelho com castanhas

Serve 4-6

1,25 kg/3 lb de presunto

2 cebolinhas (cebolinhas), cortadas ao meio

2 dentes de alho, esmagados

45ml / 3 colheres de sopa de açúcar mascavo

30 ml / 2 colheres de sopa de vinho de arroz ou xerez seco

60 ml / 4 colheres de sopa de molho de soja

450 ml / ¾ pt / 2 xícaras de água

350 g / 12 onças de castanhas

Coloque o presunto em uma panela com chalotas, alho, açúcar, vinho ou xerez, molho de soja e água. Deixe ferver, tampe e cozinhe por cerca de 1 hora e meia, virando o presunto de vez em quando. Escalde as castanhas em água fervente por 5 minutos e escorra. Adicione ao presunto, tampe e cozinhe por mais 1 hora, virando o presunto uma ou duas vezes.

Presunto frito e bolas de ovo

Serve 4 porções

225 g / 8 oz presunto defumado, picado

2 cebolinhas (cebolinhas), picadas

3 ovos batidos

4 fatias de pão dormido

10 ml / 2 colheres de sopa de farinha de trigo (para todos os fins)

2,5 ml/½ colher de chá de sal

óleo para fritar

Junte o presunto, a cebolinha e o ovo, faça o pão em migalhas e misture ao presunto com a farinha e o sal. Faça bolinhas do tamanho de nozes. Aqueça o óleo e frite as almôndegas até dourar. Escorra bem em papel de cozinha.

presunto e abacaxi

Serve 4 porções

4 cogumelos chineses secos
15 ml / 1 colher de sopa de óleo de amendoim
1 dente de alho, esmagado
50 g / 2 onças de castanhas de água, fatiadas
50 g de broto de bambu
225 g / 8 onças de presunto picado
225 g / 8 oz lata de pedaços de abacaxi em suco de frutas
120 ml / 4 fl oz / ½ xícara de caldo de galinha
15 ml / 1 colher de sopa de molho de soja
15 ml / 1 colher de sopa de farinha de milho (amido de milho)

Mergulhe os cogumelos em água quente por 30 minutos e escorra. Descarte os talos e corte as pontas. Aqueça o óleo e frite o alho até dourar levemente. Adicione os cogumelos, as castanhas d'água e os brotos de bambu e refogue por 2 minutos. Adicione o presunto e os pedaços de abacaxi escorridos e refogue por 1 minuto. Adicione 30 ml / 2 colheres de sopa de suco de abacaxi, a maior parte do caldo de galinha e o molho de soja. Deixe ferver, tampe e cozinhe por 5 minutos. Misture o fubá com o restante do caldo e misture ao molho. Cozinhe, mexendo, até o molho ficar claro e engrossar.

Frittata com presunto e espinafre

Serve 4 porções

30 ml / 2 colheres de sopa de óleo de amendoim

2,5 ml/½ colher de chá de sal

1 dente de alho, picado

2 cebolinhas (cebolinhas), picadas

225 g / 8 oz presunto, em cubos

450 g / 1 libra de espinafre picado

60 ml / 4 colheres de sopa de caldo de galinha

15 ml / 1 colher de sopa de farinha de milho (amido de milho)

15 ml / 1 colher de sopa de molho de soja

45 ml / 3 colheres de sopa de água

5 ml/1 colher de chá de açúcar

Aqueça o óleo e frite o sal, o alho e a cebolinha até dourar levemente. Adicione o presunto e refogue por 1 minuto. Adicione o espinafre e mexa até ficar coberto com óleo. Adicione o caldo, deixe ferver, tampe e cozinhe por 2 minutos até o espinafre começar a murchar. Misture o fubá, o molho de soja, a água e o açúcar e mexa na panela. Cozinhe, mexendo, até o molho engrossar.

www.ingramcontent.com/pod-product-compliance
Lightning Source LLC
Chambersburg PA
CBHW070404120526
44590CB00014B/1254